간디의 '위험한' 평화헌법

C. 더글러스 러미스 | 김종철 옮김

녹색평론사

책머리에

2004년 8월부터 이듬해 12월까지 나는 델리에 있는 CSDS(Centre for the Study of Developing Societies: 발전사회연구소)에 '민주주의론' 수석 교수라는 직함으로 초빙을 받았다. 업무 내용은 다양했지만 제일 중요한 것은 연구 논문을 한 편 쓰는 것이었다. 테마는 자유롭게 선정할 수 있었다. 나는 일본의 평화헌법에 관한 책을 몇권 쓴 일도 있어서, 인도의 헌법, 특히 그것이 제정된 과정에 흥미를 갖고 있었다. 즉 비폭력주의를 표방한 국민회의라는 정치세력이 어째서 군대의 존재를 인정하는 '보통' 국가의 헌법을 만들었던가, 그리고 거기에 대체 어떠한 논의가 있었던가. 이 책은 그때 제출한 논문을 기초로 새로 쓴 것이다.

이 책의 원고를 쓸 당시, 세계는 간디가 지향한 것과는 전혀 다른 방향으로 무섭게 달려가고 있었다. 경제적으로는, '세계화'의 한가운데서 산업자본주의적 생산방식과 생활양식이 지구 구석구석까지 침투하고 있었다. 정치적으로는, 미국이 '은밀한 제국'에서 '당당한 제국'으로 변신하고 있었다. 군사적으로는, 모든 사람이 '테러에 대한 전쟁'에 휩싸여 있었다. '테러리즘'에는 국경이 없으므로 어디에서든 전쟁상태였다. 이러한 세계에서 대부분의 사람은 간디의 사상이 설령 흥미로운 매력이 있다고 생각되더라도 자신이 처한 상황과는 별로 관계가 없다고 느낄 것이다.

더욱이 이 책이 출판되기 전 수 개월 사이에 시대가 변했다. 경제적으로는 금융계라는 불가사의한 영역에서 무엇인가가 우습게 돌아가고 있었다. 금융계에는 '카지노 자본주의'라는 말이 유행했다. 즉 카지노와 마찬가지로 대량의 돈이 움직이지만 아무것도 생산하는 것이 없다. 의식주와는 아무런 관계가 없는 그런 카지노 자본주의 제도가 붕괴하는데, 우리가 신경을 써야 할 필요가 있을까.

답은 '세계화'에 있다. 세계화 '덕분'에 금융계와 생산노동 영역은 하나의 세계경제 속에서 밀접히 연관되어 있다. 그 때문에 뉴욕이나 런던이나 도쿄에 있는 금융자본가들의 '도박'에 따른 재난이 세계 전역의 일하는 사람들의 재난으로 이어진 것이다. 그리고 이 금융위기 '덕분'에 세계경제가 원활히 돌아가지 않고 있다는 사실이 뚜렷이 드러나게 되었다.

정치적·군사적으로도 큰 변화가 있었다. 미국이라는 제국이 또한번 커다란 패배를 당한 것이다. 이번에는 이라크전쟁이었다. 임기가 끝나가는 부시 정권 최후의 중요한 과업은 이라크 정부와 이라크 주재 미군의 지위에 관한 협정을 맺는 것이었다. 그 협정에는 미국 군대는 2011년 12월 31일까지 전부 이라크로부터 철수해야 한다고 정해져 있다(24조). 미국은 오키나와(沖繩)에 위치한 미공군 가데나(嘉手納)기지와 같은 규모 혹은 그보다 큰 군사기지를 만들기 위해서 방대한 돈을 들였고, 그 기지는 이라크에 잔류하도록 되어 있었다. 요컨대 '이라크로부터의 미군 철수'란 미군이 이라크에 있는 그 미군기지로 '철수'한다는 뜻이었다. 그러니까 그것은 속임수일 뿐이었다. 그러나 '이라크 미군 지위협정'에 따르자면 (미국이 협정을 깨지 않는 한) 기지를 포기하지 않으면 안되게 되었다. 미국이 다른 나라들(예컨대 일본)과 맺은 지위협정에는 미군 철수 기한은 규정되어 있지 않다.

즉, 부시 정권 8년은 패배로 끝난 것이다. 그렇지만 세계가 그것을 파악하는 데는 다소 시간이 걸릴지 모른다. 왜냐하면 첫째, 이토록 막강한 군사력을 보유한 국가가 군사적 모험에서 패배한다는 것은 원칙적으로 불가능하게 보일 것이기 때문이다. 또하나는, 오바마 정권이 이 철수를 패배가 아니라 스스로의 적극적인 정책으로 보려고 한다는 점도 있다. 그러나 그 지위협정을 체결한 것은 오바마 정권이 아니라 부시 정권이다. 패배는 패배이다.

이 두 개의 사건, 즉 세계경제의 실패와 미 제국의 군사적인 실패는 대규모적인 것이며, 그것에 대해서 세계가 어떻게 대응

할 것인지는 아직 알 수 없다. 그러나 이 두 사건에 의해서 시작되는 시대에는, 간디의 사상이 무관하고 쓸모없다고 생각하는 사람들이 줄어들 가능성이 있다. 예를 들어, 간디가 구상한 마을 중심 경제제도에서는 '금융위기'가 일어날 수 없다. 그리고 설사 있다 하더라도 자급자족을 하는 마을에는 영향이 없다는 사실은 생각해볼 가치가 있을 것이다. 그리고 인류역사상 최대의 군사력을 가진 나라가 이처럼 패배한다는 것은, 간디가 가르친 바와 같이 군사력에 대한 우리들의 이상한 신뢰가 실은 신화에 기초해 있다는 것을 엿볼 수 있게 해준다. 군사력이 가장 강한 세력이 그 때문에 반드시 자기 의사를 관철시킬 수는 없다는 사실이 분명하게 드러난 것이다. 그러므로 논문 작성 당시에는 시대에 뒤떨어진 것으로 볼 수 있었던 이 연구가, 이제는 조금 시의에 적합한 것으로 보일지도 모른다.

목 차

표지 사진 IRRAD(wikimedia commons)

제1장

최대의 금기

사상 최대의 비폭력 세력

제2차 세계대전 후 1947년, 인도는 영국으로부터 독립하였다. 아마도 그 순간 인도 국민회의는 비폭력을 적극적으로 제창하는 세력으로서, 세계에서, 어쩌면 인류사상 최대의 권위와 실력을 갖춘 조직이었다고 말할 수 있을 것이다. 왜냐하면 국민회의는 식민지 지배를 계속하고 있던 세계 최강 대영제국을 인도로부터 축출하는 데 성공했기 때문이다. 물론 그것을 가능하게 했던 것은 국민회의의 힘만은 아니었다. 전후 반식민주의의 물결 속에서 세계 각지의 영국 식민지에서 독립운동이 성행했고, 대영제국의 패권이 무너지고 있던 시기였다는 점도 크게 작용했을 것이다.

그러나 당시의 독립운동은 대부분 폭력에 의존하고 있었다. 그에 비해서 인도의 국민회의는 비폭력 저항을 전략의 중심으로 삼고, 무적이라고 생각되던 대영제국에 대하여 승리를 거두었다. 그리고 전후의 독립운동에서 승리를 거둔 최초의 식민지로서, 인도는 식민지 상태에 처해 있던 사람들도 승리할 수 있고 독립할 수 있다는 것을 세계에 보여주었다.

인도 독립 과정에서 국민회의가 모든 폭력을 억제할 수 있었던 것은 확실히 아니다. 물론 영국 쪽에서는 극심한 폭력을 사용했다. 그것에 대응해서 인도 쪽에서도 국민회의의 지도가 미치지 않는 곳에서는 조직되지 않은 폭동이 일어나기도 했고, 또 조직적인 테러나 군사행동도 있었다. 그러나 영국에 가장 큰 위협이 되었던 것은 국민회의에 의한 비폭력 투쟁이었으며, 인도가 독립을 획득했을 때 정권을 잡은 것도 국민회의였다.

물론 다른 의견도 있다. 수바스 찬드라 보스는 독립에는 군사력이 불가결하다고 주장하여 국민회의로부터 탈퇴하였다. 그리고 일본의 협력을 얻어 국외에서 인도국민군을 결성하여, 일본군과 함께 동쪽에서 인도를 '침략'하였다. 이것이 인도 독립을 결정했다는 설도 있다. 그러나 잊지 말아야 할 것은 찬드라 보스는 인도 극동의 마니푸르에서 영국군에 패했다는 사실이다. 대영제국 지도자들은 군사행동이라면 어떻게 승리할지 충분히 알고 있었고, 승리할 힘도 있었다. 그러나 비폭력운동을 어떻게 다룰 것인지에 대해서는 지식도, 능력도 없었다.

제2차 세계대전 중 인도의 식민지정부는 국민회의 지도자 대부분을 체포하여 형무소에 넣었다. 만일 국민회의가 군대조직이었다면 그것으로 패배하고 말았을 것이다. 그러나 그렇게는 되지 않았다. 오히려 투옥된다는 것 자체가 비폭력운동의 전략의 일부로서 강력한 무기가 되기도 했다. 국민회의 지도부가 투옥됨으로써 운동은 더 활발해졌고, 결과적으로 영국은 인도 식민지를 단념할 수밖에 없었다.

그런데 인도가 독립하고 국민회의가 국가권력을 손에 넣게 되자, 이 새로운 국가를 위한 새로운 헌법을 만들지 않으면 안 되게 되었다. 그래서 헌법제정위원회가 설립되었을 때, 국민회의 멤버가 아닌 사람이 위원이 되는 일도 있었지만 위원회의 중심 세력은 역시 국민회의였다. 오늘의 인도 헌법을 만든 것은 그때의 남자와 여자들이다. 그런데 완성된 헌법은 군사력을 인정하고 전쟁을 용인하는, 즉 '국가가 정당한 폭력을 독점하는' '보통 국가'의 헌법이었다. 그리고 그 헌법이 제정되었던 시기는 일본의 평화헌법과 거의 같은 때였다.

토론의 부재

이것은 얼른 보면 명확히 모순되어 보인다. 그래서 나는 이것이 연구 대상으로 극히 흥미로울 것이라고 생각했다. 구체적으로는 헌법제정위원회 내에서 '헌법이란 무엇인가', '국가란 무엇인가', '안전보장이란 무엇인가', '비폭력의 가능성' 등, 근본적인 정치문제에 대한 격렬한 토론이 있었어야 했다. CSDS의 도서관에는 인도 헌법제정위원회 의사록이 있어서, 나는 우선 그것을 읽기 시작했다. 그런데 아무리 읽어도 그와 같은 토론은 보이지 않았다. "인도정부는 군사력을 보유한다"는 헌법 조항이 제안된 날(1947년 8월 22일), 반대의견은 의사록 어디에도 보이지 않았다. "국가는 군대를 보유한다"는 생각은 누구에게나 당연한 전제이며 따라서 토론할 필요도 없다는 것이었을까.

그들의 헌법, 우리들의 헌법

물론 국민회의가 "국가는 군대를 보유한다"는 게 세계의 '상식'이라고 생각해서 그것을 선택했다고 하더라도 특별히 놀랄 것은 없을지도 모른다. 그러나 국민회의는 거의 30년에 걸쳐 그 '상식'을 부정하고 비폭력을 제창했을 뿐만 아니라 실현·실천해온 조직이다. 그래서 나는 아무런 토론 없이 그 원칙이 방기된 사실에 적잖게 놀랐다. 어떠한 생각을 가지고 국민회의는 이처럼 많이 변했을까.

1947년 8월 22일, 헌법제정위원회에서 헌법에 예방구금 조항을 설치하자는 제안이 나왔다. 그때에 후세인 이맘이라는 위원의 반대의견이 있었다.

> 이 제안에 나는 찬성할 수 없습니다. 이것은 우리가 획득하려고 하는 기본적 인권에 반할 위험이 있습니다. 예방구금이라는 것은 재판 없이 자의적으로 감금하는 것 이외에 아무것도 아닙니다. 사람을 기소하고자 하면 통상적인 법률로 하면 됩니다. 특별한 법은 필요하지 않습니다. 우리는 (영국 식민지정부의) 1818년의 제3법령 등을 부활하려고 하는 것이 아닌가요.

이에 대해서 판치드 라구시미 칸다 마이트라 위원이 다음과 같이 반론했다.

> 존경하는 동지 후세인 이맘 씨의 연설을 잘 들었습니다. 예전에 나는 어떠한 형태이건 예방구금에 대해 일관하여 반대한 사람의 하나였다는 것을 말씀드려두고자 합니다. (…) 그런데 지금은 상황이 완전히 변했다는 것을 설명해도 좋을까요. 이번에는 우리는 새로운 국가, 절대적으로 독립한 우리 자신의 국가를 만든다는 것을 인식해야 합니다. 이 국가의 중앙정부는 특정한 권력으로 무장되지 않으면 안됩니다. 그 권력은 경박한 목적이 아니라 국가 자신의 이익을 위해서만 사용할 수 있습니다. (…) 확실히

> 영국 통치의 최후 단계에서 1818년의 제3법령은 남용되었습니다. 많은 사람이 강제송환되고 인권이 억압되었습니다. 그러나 지금은 우리에게 우리 자신의 국가, 국민에 의해 선출된 정부, 거기에 국민에 의해 선출된 대통령이 있습니다. (…) 과거의 영국 통치시대와 같이 우리의 인권이 임의로 잔혹하게 짓밟힐 위험성은 없습니다.
>
> — *Constituent Assembly Debates*, vol. 5

유감스럽게도 이것은 정치에 있어서의 전형적인 오류이다. 요컨대, "그들의 정부는 권력을 남용하지만, 우리들의 정부라면 그런 일은 있을 수 없다"라는 것이다. 마치 액튼(19세기 영국의 역사가·정치가)의 법칙, 즉 "권력은 사람을 타락시킨다"라는 법칙이 '그들'에게는 해당되지만 '우리'에게는 해당되지 않는다고 말하는 것과 같은 사고방식이 여기에 드러난 것이다.

결국 인도의 헌법에는 예방구금은 말할 것도 없고, 계엄령까지도 허용하는 조항이 들어갔다. 그리고 실제로 그 후 인도정부는 그것을 상당히 '마음대로 잔혹하게' 사용하게 되었다. 물론 이것은 인도만의 문제가 아니다. 식민지에서 독립한 많은 나라들이 똑같은 오류를 범했고, 현재까지 노고를 거듭하고 있다.

이상은 인권에 관한 얘기지만 군사력에 관해서도 똑같은 발상이 근간에 있었던 게 아닐까. 요컨대 이것은 '그들의 군대'가 아니라 '우리들의 군대'라는 생각. '그들의 군대'는 우리를 죽이거나 탄압하는 적이지만, '우리들의 군대'는 우리를 지켜주는 동지라는 논리 말이다. 물론 그것만이 아니다. 반체제운동을 할 때, 국민회의는 테러나 게릴라전쟁과 같은 방법을 사용하지 않고 비폭력에 의존했다. 그러나 간디가 만년에 이르러 비판한 바와 같이, 그것은 신념이라기보다는 당시의 상황에 적합한 전략이었는지 모른다. 따라서 상황이 변하면, 즉 국가권력을 장악하면 전략도 변한다는 식인 것이다.

잊지 말아야 할 것은 영국식민지 세력의 군사력 대부분이 인도군, 즉 인도인으로 구성되어 있었다는 사실이다. 그리고 그것은 역사적으로도 오래되고, 인도사회 속에서 막강한 힘을 가진 조직이었다. 따라서 설령 국민회의가 군대를 없앤다는 결의를 한다 하더라도 그렇게 간단하게는 실현될 수 없었을 것이다. 더욱이 헌법제정위원회에 인도정부의 군사력에 관한 조항이 제출된 날은 인도와 파키스탄의 분열이 확정된 날로부터 일주일 뒤였고, 인도군과 파키스탄군과의 전쟁이 카슈미르에서 시작되기 불과 몇달 전이었다. 그와 같은 상황에서 국민회의가 군대가 있는 국가를 선택한 것은 불가사의한 것이 아니라 앞서 말한 바와 같이 세계의 '상식'대로 한 것이다.

그러나 불가사의한 점은 토론이 없었다는 사실이다. 결과적으로 헌법제정위원회는 새로운 군대를 창설하지 않고 식민지시대에 영국이 편제하고 지휘했던 인도군을 계승하도록 하였다. 그래서 인도군 기지 가운데는 과거의 영웅적인 싸움(제1차 세계대전, 영국의 아프간전쟁 등)을 기념한 기념비가 몇몇 있는데, 아이러니컬하게도 이것들은 식민지시대의 사태에 연유한 것이다.

부인(否認)상태

또하나 불가사의한 것은, 비폭력의 원리를 버린다는 것은 나라의 창립자였던 간디의 근본 원리를 버린다는 의미인데도 그 명백한 사실을 인정하고 싶어 하지 않는 사람들이 당시에도 지금도 많다는 사실이다.

'폭력국가'(정당한 폭력을 독점한 '보통' 국가)를 설계하고 있던 헌법제정위원회의 의사록에는 간디를 찬미하는 말들이 도처에 나온다. 자와할랄 네루는 "간디는 여기에 없지만, 그의 정신은 이 장소에 침투하고 있고 우리를 수호하고 있음이 틀림없다"고 말했다(같은 문서 1권). 군대 보유에 관한 토론이 없었던 그 날로부터 며칠 뒤, 위원회에서 간디의 초상화를 거는 의식이 있었고, 의장은 "우리들은 (간디의) 기대에 부응하지 못했는지 모르지만, 적어도 그의 지도 밑에서 우리는 성공을 했습니다"라고 말했다(같은 문서 5권). (약간의 죄악감이 있었던 것일까?)

오늘날 인도, 델리 등의 도시에는 곳곳에 간디의 동상이 서 있고, 인도의 모든 화폐에는 간디의 얼굴이 그려져 있다. 즉 간디는 현재의 인도의 창립자라는 전설은 지금도 살아있다. 그 전설을 믿는 사람(인도인 전부는 물론 아니지만)은 정신분석 용어로 말하면 부인(否認)상태에 들어가 있는 게 아닐까.

CSDS에 있을 무렵 내게는 연구조수가 있었다. 그녀는 간디의 사상에 관한 논문으로 석사학위를 땄을 정도로 간디 사상에 대한 전문가였다. 이러저러한 자료의 존재를 내게 가르쳐주어서 지금도 내가 고마워할 게 많다. 그러나 그녀를 통해 내가 알게 된 가장 중요한 것은, 간디에 대한 인도 중산층의 부인상태의 구조가 아닌지 모르겠다. 그녀는 간디가 폭력을 부정하지 않았다고 단언했다.

만일 이 책의 독자가 이런 발언에 놀란다면, 기독교 국가에서 예수 그리스도는 돈벌이를 비판하지 않았다고 생각하는 사람들이 많다는 사실이나, 일본에서 헌법9조는 자위권을 인정한다고 생각하는 사람들이 많다는 것을 생각해보면, 그러한 부인상태가 어떤 것인지 조금 쉽게 느낄 수 있을 것이다.

내게는 "간디가 폭력을 용인했다"라는 그녀의 신념은 '의견'이나 '사상'이 아니라 정신상태, 그것으로 느껴졌다. 즉 만일 간디가 철저하게 비폭력이었다고 한다면, 그녀의 세계관은 흔들리기 시작하고 깊은 공포를 갖게 될 것이었다. 따라서 그녀는 나의 '틀린 생각'을 시정하는 데에 필사적이었고, 다른 일은 별로 하지 않았다.

예를 들어, 나는 그녀에게 다음과 같은 일을 맡겼다. 《바가밧기타》라는 인도의 고전이 있다. 이것은 옛날의 전설적인 전쟁이 시작되기 전의 대화로 구성되어 있다. 이야기를 간단히 요약하면, 한쪽의 군대 사령관인 아르주나가 적의 군대를 보며 이 전쟁이 하고 싶지 않아졌다. 그래서 그는 친척이기도 해서 자기는 사람을 죽이고 싶지 않다는 등, 훌륭한 반전 연설을 한다. 그러자 크리슈나라는 신(神)이 나타나 아르주나는 틀렸다고 말하고 전쟁을 하도록 설득한다는 내용이다. 간디는 이 《바가밧기타》를 높이 평가하고, 그것을 분석한 책도 썼다. 그러한 사실을 알고 있었던 나는 간디가 저 고전을 어떻게 읽고 평화의 메시지를 만들어냈는가 흥미가 생겼다. 그래서 연구조수에게 간디의 '바가밧기타론'을 읽고 내게 설명을 좀 해달라고 부탁을 했다. 일주일 뒤, 그녀는 타자 용지 2~3장 분량의 글을 갖고 왔다. 거기에는 "간디는 전쟁을 반대하지 않았으므로《바가밧기타》와는 아무런 모순이 없다"고 적혀 있었다. 내가 설득당하지 않자, 그녀는 다른 대학에 교수로 있는 자신의 은사를 모시고 와서 두 사람이 내게 강의를 했다. 그래도 나는 설득을 당하지 않았다. 그러자 그녀는 더이상 내가 있는 곳으로 오지 않았다. 그녀를 고용한 CSDS 사무실에도 양해를 구하지 않은 채 일을 그만둬버린 것이다. 간디도, 전쟁도 양쪽 모두 버리려 하지 않는 정신상태가 어떤 것인지를 나는 알게 되었다.

정치학자 딜립 쿠마르 차타지는 이 딜레마에 대한 또하나의 흥미로운 대응방식을 생각해냈다. 그의《간디와 인도의 헌법 제정》(*Constitution Making in India,* New Delhi : Associated Publishing House, 1984)에 의하면, 간디에게는 두 종류의 이상적 상태가 있었다. 그것은 비폭력 상태와 상대적인 비폭력 상태이다. 전자는 차타지에 의하면, 무정부 상태이지만 최고의 이상이었다. 그러나 실현 불가능하다는 큰 결점을 가지고 있다.

> 무정부 사회라는 궁극적인 이상이 실현 불가능하기 때문에 간디의 생각은 상대적 비폭력 국가의 발전으로 옮겨 갔다. 그는 단순한 예언가는 아니었다. 현실주의적인 이상가였던 간디는 자신

이 구상하고 있었던 이상향은 실제 이 세상에서는 실현할 수 없다고 생각했다. 그 이상향이 (…) 바로 실현될 수 없기 때문에, 인민이 국가와 정부 없이 살 수 있게 되기까지의 사이에 현존하는 국가를 변화시키거나 순화시키지 않으면 안된다. 이 상대적 비폭력 국가가 간디의 두 번째 이상이었다. 첫번째 이상이 현실적으로 실현 불가능하다고 이해한 간디는 이상과 준(準)이상 사이에 타협하지 않으면 안되었다.

—《간디와 인도의 헌법 제정》, 21쪽

길게 인용한 이유는, 이것이 부인상태에 있는 인간의 긴장과 어려움을 잘 표현하고 있기 때문이다. 이 인용 가운데에서 차타지는 같은 말을 네 차례나 반복하고 있다. 왜 같은 말을 몇 번씩이나 말하지 않으면 안되었던 것일까. 그것은 간디 자신은 그렇게 말하지 않았기 때문일 것이다. 간디는 비폭력을 국가가 실현하는 것은 불가능하다고 말하지도 않았고, '상대적 비폭력 국가'가 자신의 '두 번째 이상'이라고도 말하지도 않았다. 그것은 모두 차타지가 만들어낸 이야기이다.

그의 최후의 말, 즉 간디는 "타협하지 않으면 안되었다"라는 말도 흥미롭다. '하지 않으면 안되었다'라는 것은, 차타지에게 있어서는 "간디가 그렇게 '하지 않았다'는 것을 상상할 수 없다"는 의미일 것이다. 그 논리의 힘이 그렇게 강력하기 때문에 단순한 사실을 압도하고 만다. 논리적으로는, 간디는 "타협하지 않으면 안되었다", 따라서 간디는 당연히 타협할 수밖에 없었다. 간디가 타협했다는 사실은 존재하지 않지만, 그런 것은 관계가 없는 것이다.

네루의 견해

간디가 자신의 이상을 타협했는가 어쨌는가에 대해서 증언해줄 가장 적합한 인물은 간디의 가장 중요한 제자였던 자와할랄 네루일 것이다.

간디와 네루만큼 서로 깊이 이해하고 마음이 일치된 사람들은 없을 것이다. 서로 의견이 갈라지게 되기 때문에 — 그런 경우가 많았는데 — 서로 이해하고 마음이 일치되었던 것이다. 그리고 간디의 사후에 처음으로 간디를 알게 된 사람들과는 달리, 네루처럼 살아있었던 간디와 함께하지 않으면 안되었던 사람들은 간디가 '되어야 할 모습'이 아니라, 실제의 있는 그대로의 간디의 모습을 받아들이지 않을 수 없었다.

1957년, 네루는 미국의 작가 노먼 커즌스에게 편지를 썼다.

> [정치] 지도자는 올바른 것을 느낄 뿐만 아니라 그것을 대중에게 설득시키지 않으면 안됩니다. 따라서 지도자에게는 타협하는 경향이 있습니다. 그렇지 않으면 지도자가 되지 못할 것입니다. 내가 알고 있는 한, 현대사에서 자신의 이상을 일절 타협하지 않았던 지도자는 간디뿐입니다. 그리고 간디는 허다한 다른 예언자들처럼 암살되었습니다.
>
> — *The Essential Writings of Jawaharlal Nehru II*, Oxford, p. 473

우리는 네루의 정직함을 평가해야 한다. 왜냐하면 "현대사에서 타협하지 않았던 유일한 지도자는 간디이다"라는 네루의 증언은, 자기자신은 타협한 사람의 하나였음을 고백하는 것이기 때문이다. 간디의 사상을 자신의 정치적 선택에 합치시키는 게 아니라, 자기자신이 (예전에는 자신의 이상이기도 했던) 간디의 이상으로부터 멀어진 것을 인정하는 용기를 갖고 있었다.

그리고 그 선택은 구체적으로 어떤 의미를 갖는가를 확실히 말하고 있다.

> 간디는 국가는 방위를 위한 군대를 포기할 정도의 용기를 가지지 않으면 안된다고 제안했을 것입니다. 그러나 나는 정치가로서 그런 제안을 할 수 없습니다.
>
> — 같은 곳

이와 같이 네루는 이 어려운 선택의 책임을 간디에게 돌리는 게 아니라 스스로 책임을 진다.

> 슬픈 얘기지만 나는 평화주의자가 아닙니다. 그렇게 되고 싶다고 생각하지만, 오늘날의 상황에서 그리고 나 자신의 책임을 느낄 때 나는 평화주의자가 아닙니다.
>
> — Statement at Afro-Asian Conference, Bandung (1955. 4. 23.)

> 나는 평화주의자가 아니다. 유감스럽지만 오늘날 세계는 강제력 없이는 아무것도 할 수 없게 되었다. 우리는 자신을 지키고 미래의 유사시에 대해서 준비를 하지 않으면 안된다. 침략과 그 밖

의 악에 대해서 대응하지 않으면 안된다.

— "Need for a Temper of Peace", *Essential Writings II*, p. 433

물론 네루가 그랬듯이 독립 후 인도의 국가원수로서 무거운 정치적 책임을 경험한 적이 없는 우리에게는 그의 선택을 간단히 비판할 자격이 없다. 그리고 이 선택에는 전혀 진기한 면모도 없다. 오히려 네루의 선택은 정치적 '상식'에의 복귀라고 말할 수 있다. 그러나 비폭력이 그처럼 비현실적인 것이 되어 있는 '오늘의 상황'이라는 것이 대체 어떤 것인가를 네루에게 물어보는 게 좋다.

그것은 다른 나라가 폭력 수단을 가지고 자기 나라를 공격할지 모르는 상황을 의미할 것이다. 그러나 예전의 상황, 즉 비폭력이 적절했다고 생각되던 상황과 어디가 다른가. 대영제국에는 군사력이 있고 그 공격으로 인도가 점령당했다. 그 상황 속에서 그 적에 대해 간디(그리고 당시는 네루도)는 비폭력이 최고의 전략이라고 주장했다. 간디는 비폭력은 도덕적일 뿐만 아니라 효과적인 전략으로, 실력을 발휘할 수 있는 능력이 있고 무장한 적을 축출할 정도의 세력이 된다고도 말했다.

사티야그라하(산스크리트어로 진리파지(眞理把持), 비폭력 불복종 운동의 중심 개념)는 무활동이라는 의미가 아니라 일종의 활동이며, 싸우지 않는다는 의미가 아니라 자기 나라를 공격이나 억압으로부터 지키는 전략인 것이다. 그리고 결과적으로 사티야그라하는 대영제국을 인도로부터 축출하는 데 성공했다. 그러나 자기 나라를 이 전략으로 방위할 것을 결심하는 데에는 용기가 필요하다는 것은 네루가 말한 대로일 것이다.

"간디는 국가폭력을 인정했다"라는 논리

확실히 간디의 긴 생애에서는 다양한 발언이 있었다. 그 가운데는 조금 무리하게 해석한다면 개인의 폭력 혹은 국가의 폭력을 인정하는 듯한 발언도 없는 게 아니다. 그러한 발언은 세 종류로 나눌 수 있다고 생각한다. 우선, 폭력보다 더 나쁜 것이 있다는 의미의 발언. 예를 들어 1920년에 간디는 다음과 같이 썼다.

> 비겁함이냐 폭력이냐 하는 양자택일 이외에 선택지가 없는 경우에 나는 폭력을 권한다. (…) 자신의 불명예에 대한 비겁하고 무력한 관찰자가 되거나 그렇게 계속하는 것보다는, 인도가 무기를 가지고 자신의 명예를 지키는 쪽이 낫다고 생각한다.
>
> — *The Collected Works of Mahatma Gandhi*, Ministry of Information and Broadcasting, Government of India(이하 '전집') 21권, 133쪽

간디는 폭력을 인정했다고 주장하고 싶은 사람은 흔히 이 대목을 인용한다. 그러나 이것은 결코 '인정'한 것이라고 말할 수 없다. 잊지 말아야 할 것은 간디는 비폭력주의자이면서 그 이상으로 반식민지 운동가였다는 사실이다. 인도를 모욕하는 식민지 제도로부터의 해방이 목적이며, 비폭력투쟁은 그것을 위

한 수단이었다.

간디는 말했다. “어떠한 것이라도 비겁함보다는 낫다. 왜냐하면 비겁함은 ‘2중 증류(蒸溜)의 폭력이기 때문이다.”(전집 91권, 302쪽) 무슨 말이냐 하면, 그에게 있어서 비겁함이라는 것은 가해자에 의한 피해자에 대한 폭력일 뿐만 아니라, 피해자에 의한 자기자신에 대한 폭력이기도 하다. 따라서 그것은 폭력의 가장 악질적인 형태이다. 특히 식민지의 제도적 폭력 밑에서 형성되는 ‘제도적 비겁함’을 보고 간디는 그렇게 느꼈을 것이다. 따라서 간디는 수바스 찬드라 보스 등 폭력을 사용하여 싸운 인도인들을 존경하고 동지라고 생각했지만, 일관되게 그 수단은 비판했다.

중요한 것은 위와 같은 발언에는 ‘비겁함이냐 폭력이냐 양자택일 이외에 선택지가 없는 경우’라는 조건이 붙어 있는데, 간디는 그 이외의 선택지가 있다고 믿었다는 점이다. 인용한 문장에 이어진 말은 이렇다.

> 그러나 나는 폭력보다 비폭력 쪽이 무한히 뛰어나다고 믿으며, 처벌보다 용서 쪽이 남자답다고 믿고 있다.
>
> — 전집 21권, 133쪽

또하나의 다른 발언이 있다. 간디가 남아프리카에 있을 때 전쟁이 있었다. 그때 간디는 전쟁이라는 방법을 부정하지 않으면서 비겁함이나 그 외의 이기적인 이유로 군대에 지원하지 않는 사람들을 비판하고 있다.

> 그들이 자신들은 전쟁을 믿고 영국 헌법에 대해서 충성심이 있다고 말하는 한, 그렇다면 그 헌법을 지지하기 위해서 지원할 의무가 있다고 충고하는 데에 나는 아무런 망설임이 없었다.
>
> — 전집 33권, 205쪽

이것은 앞서 말한 "비겁함이 최악이다"라는 원칙과 같다. 만일 현재의 일본에 간디가 있다면, 헌법을 고쳐서 전쟁을 할 수 있는 국가로 만들어야 한다고 말하면서 동시에 다른 한편으로는 자신은 자위대에 지원하지 않는다고 말하는 사람을 간디는 믿지 않을 것이다.

다음 세 번째의 발언도 흔히 인용되는 것인데, 독립 후에 인도와 파키스탄이 분열하여 카슈미르에서 전쟁이 시작되었을 때 간디는 다음과 같이 말했다.

> 파키스탄이 카슈미르를 침략했다. 인도군 일부가 카슈미르에 파견되었지만 그것은 침략이 아니다. 마하라쟈(현지 영주)와 시크 아브즈라에 의해 초청된 것이다.
>
> — 전집 98권, 113쪽

국제법이나 전쟁법에서는 침략전쟁이냐 방위전쟁이냐 하는 구별이 극히 중요하다. 현재의 유엔헌장에서도 방위전쟁은 허용되지만 침략전쟁은 범죄이다. 상식적으로 생각하더라도 그 구별은 쉽게 이해된다. 사람이 비폭력을 주장하고 전쟁반대를 외치는 경우, 그 상식적인 구별이 이해되지 않을 이유가 없다. 그리고 원칙적으로 좋지 않다고 생각되는 각각의 행위에도 정도의 차이가 있고, 행위A보다 행위B 쪽이 훨씬 나쁘다고 판단할 수 있다. 그러나 그렇다고 해서 그 판단이 행위A를 '인정하는' 것이라고 볼 수는 없다.

그것이 옳은가 그른가는 별개 문제로 하고, 여하튼 간디는 파키스탄군이 침략을 했고 인도군은 방위를 위해 파견되었다고 판단하였다. 그러나 그것이 적극적인 '전쟁 긍정'의 발언이라고는 도저히 말할 수 없다. 이들 발언(그리고 그의 긴 생애에서 이 3개의 발언 이외에는 거의 없다)을 근거로 간디는 역시 국가폭력을 인정했다고 판단하는 사람은 다음과 같은 말은 어떻게 설명할 것인가.

> 나와 같이 비폭력을 극단적으로 신봉하는 사람이라면 군대를 완전히 해산할 것이다.
>
> — 전집 76권, 138~139쪽

> 만일 나에게 정부가 맡겨진다면 나는 다른 길을 선택할 것이다. 왜나하면 내 밑에서는 군대도, 경찰도 설치되지 않을 것이기 때문에.
>
> — 전집 97권, 5쪽

간디에게는 이와 같은 발언이 많다. 그러나 이 말은 다음과 같이 계속된다.

> 그러나 그 길을 가는 사람은 나밖에 없다. 누가 이어줄 것인가.
>
> — 같은 곳

즉, 간디는 자신의 비폭력사상이 비현실적이며 실현 불가능하다고 생각한 것이 아니라, 다만 많은 사람들을 설득할 수 없었다고 생각한 것이다. 그 차이에 관해서 아래에서 더 상세히 검토한다.

부인상태의 구조

앞서 말한 바와 같이, "간디는 국가의 군사력을 인정했다"는 인도에서의 고정관념과, "일본국 헌법은 방위전쟁을 인정한다"는 일본에서의 고정관념은 구조적으로 닮아 있다. 그 논리 전개는 다음과 같은 것일 것이다.

국가에는 군사력이 있다는 것이 대전제이다. 전세계 국가들이 그렇다. 그것은 상식이다. 국가라는 것은 그러한 것이며, 그것을 부정하는 것은 생각할 수 없다.

결론A : 따라서 간디는 그것을 부정하지 않았다.

결론B : 따라서 일본국 헌법은 그것을 부정하지 않는다.

이것을 '연역적 부인상태'라고 부르자. 간디가 어떻게 생각했는가를 그가 남긴 글을 읽고서 결정하는(귀납법) 것이 아니라 "국가에는 군사력이 있다"는 것은 부동의 원리이기 때문에 그것을 부정하는 것은 있을 수 없다, 따라서(연역법) 간디는 그것을 "부정하지 않았다"는 논리이다.

마찬가지로, 일본국 헌법 제9조에 무엇이 쓰여 있는가를 이해하기 위해서 그것을 읽고 결정하는(귀납법) 것이 아니라, "국가에는 자위권이 있다"는 것은 부정할 수가 없는 원리이기 때문에, 따라서(연역법) 제9조는 그것을 부정하지 않는다는 논리이다.

이 '연역적 부인상태'는 어떠한 상황으로부터 생겨났을까. 아마도 사람이 두 개의 상호 모순적인 것들 사이에 처해 있을 때, 양쪽 모두를 믿는 나머지 어느 쪽도 단념하는 것이 불가능한 경우가 그런 상황일 것이다. "모순이 없다!"고 말할 수 있다면 안심할 수가 있다. 그 때문에 모순이 없는 것처럼 생각하는 방식을 고안하는 것이다.

일본의 경우, '숭고한 평화헌법 아래에 있는 평화로운 일본'이라는 이미지를 버리고 싶지 않으면서도, 실은 군사력이 없다면 불안하다고 생각하는 이중의식을 가진 사람들이 있다. 그들은 "일본의 평화헌법은 자위권을 부정하지 않는다(그리고 물론 안보조약, 미군기지도 부정하지 않는다)"라고 믿음으로써 어떻게든 안심하는 것이다(그런데 평화로운 일본이라는 이미지에 흥미가 없고, 재군비가 필요하다고 생각하면서도 헌법을 바꾸는 게 좀처럼 쉽지 않기 때문에 "제9조는 자위권을 부정하지 않는다"고 말하는 정치가의 경우에는, 그것은 '이중의식'이 아니라 다만 거짓말일 뿐이다).

인도의 경우에는 "독립한 인도의 아버지는 20세기의 가장 뛰어난 정치가이자 성인인 간디였다"라는 이미지를 버리고 싶지 않으면서, 동시에 인도의 위대한 군사력(핵무기를 포함한)도 버리고 싶지 않다는 이중의식을 가진 사람들이 있다. 그들은 "간디는 국가 군사력을 부정하지 않았다"라고 믿음으로써 안도감을 얻고 있을 것이다.

확실히 간디의 근본적 사상도, 일본국 헌법 제9조도, 상식을 뒤엎는 것이기에 사람들을 불안하게 하는 힘이 있다. 그 불안정함을 견디지 못하는 자들에게는 연역적 부인상태가 편안할 것이다.

my dear Jawaharlal
You must not be
stunned. Rather re-
joice that God gives
strength to do it &
to do my duty. I could
not do otherwise. As
the author of noncoopera-
tion a heavy respon-
sibility lies on my should-
ers. So give me in
writing your im-
pressions of Lucknow
conference. Let me
[kn]ow the cup to the
[fu]ll. I am quite at
[pea]ce with myself
Yours sincerely
M K Gandhi

제2장

'환상적' 헌법론의 전모

간디의 '환상적' 헌법안과의 만남

어느 날, CSDS의 동료 한 사람이 흥미로운 사실을 가르쳐주었다. 실은 헌법제정위원회가 만든 것과는 전혀 다른 헌법안이 간디에게 있었다는 것이다. 그러나 그 대안은 당시에도 지금에도 무시되고 있다. 그렇지만 간디가 자신의 헌법안을 하나의 책으로 정리해서 쓴 것은 아니었다. 실제로는 연설이나 짧은 에세이 혹은 인터뷰 가운데서 때때로 조금씩 자신의 구상을 개진한 것이었다.

1945년인가 1946년인가에(확실치 않다), 간디의 제자였던 슈리만 나라얀 아가르왈이 간디의 헌법에 관한 발언을 수집하여 거기에 자신의 해석을 붙여서 《자유인도를 위한 간디의 헌법안(Gandhian Constitution for Free India)》이라는 책을 출판했다. 보통 생각하면, 간디와 같은 역사적 인물이 공표한 헌법안이라면 화제가 되고, 여러 언어로 번역판이 나와서 대학들에서 필수과목이 되어도 이상하지 않을 것이다. 그러나 이 책의 존재 자체가 거의 알려져 있지 않다. 더욱이 헌법제정위원회가 조직되기 직전에 출판되었음에도 불구하고 위원회는 여기에 대해서 일절 언급하고 있지 않다.

물론 간디 자신에게서 이 이야기를 들은 바가 있는 위원도 있어서, 몇 번인가 "이러한 생각도 있지만…" 같은 조심스러운 목소리가 회의 중에 나오고 있다. 그러나 하나의 '안'으로서는 취급되지 않았다. 그들은 "간디는 우리나라의 창립자이며 국부(國父)다"라고 숭배하면서도, 살아있는 간디의 구체적인 헌법안은 무시한 것이다.

나는 이 책을 읽어보려고 찾기 시작했지만 CSDS의 도서관에도 들어와 있지 않았고, 절판되었다는 것을 알게 되었다. 그러다 뉴델리에 있는 간디 자료관에 한 권이 있는 것을 알게 되어, 그것을 빌려 복사를 했다. 나중에 책 자체를 손에 넣고 싶어서 고서 전문 온라인서점을 통해서 한 권을 찾아 가졌다. 인터넷세계의 불가사의함을 느꼈는데, 이 온라인 고서 전문점의 본부는 미국에 있었지만, 내가 구하려던 책은 당시 내가 살고 있던 델리의 어느 고서점에 있었다. 물론 책은 신속히 우편으로 배달되어 왔다.

이 책의 앞부분에 간디의 편지가 실려 있다. 그 편지에 의하면, 간디는 이 책의 원고를 두 차례 읽었고, 몇몇 부분에 정정을 제안하여 아가르왈이 그것을 원고에 반영한 것 같다. 편지에는 "나는 이 책의 생각이나 말을 전부 검토하지는 못했지만, (…) 그 가운데 나 자신의 신념과 모순되는 것은 없다"고 쓰여 있다.

그 책을 열어보면, 거기에는 헌법제정위원회가 생각하고 있던 '독립 인도'와는 전혀 다른 나라가 묘사되어 있다. 양쪽 모두 '공화국'이라는 말을 사용하고 있지만 의미는 다르다. 제정위원회는 인도 전체를 하나의 공화국으로 하고 있는데, 아가르왈이 편찬한 간디의 헌법안에는 인도의 70만 개의 마을이 각기 독립 공화국으로 되어 있다. 그리고 그 상위에 전국을 연결하는 조직이 있는데 그것은 국제기구와 같은 것으로서, 마을에 대해서 조언을 할 수는 있지만 명령을 할 권한은 없다. 즉, 국가주권을 수도 델리에 두는 게 아니라 구체적으로 인도인 거의 전부가 살고 있는 마을에 두고 있는 것이다. 이것은 '주권재민'이라는 정치 원칙에 완전히 새로운 의미를 부여한다. 그리고 물론 국가 구조가 이렇게 중앙사령부가 없는 구조로 된다면 군대를 조직하는 것은 불가능해지고, 그렇기 때문에 이것은 평화헌법이기도 하다.

이런 귀중한 역사적 문헌이 어째서 이렇게 무시되어온 것일까. 확실히 아가르왈은 별로 유명한 사람도 아니고, 책 내용 중에는 그 자신의 주장도 섞여 있는데다가, 문체도 낡은 것이라는 등등의 이유가 작용했을지도 모른다. 그러나 그런 이유만은 아닐 것이다. 그 까닭은 아무래도 이 책이 금기를 건드리고 있기 때문일 것이다. 간디의 극단적인 비폭력사상이 두렵고 읽으면 불안해지는 것처럼, 그의 헌법안도 현대의 정치사상을 뒤엎는 '비상식적'인 것이어서 사람들의 불안감을 불러일으키는 것이었다.

간디를 역사적인 위대한 인물로 평가하면서 동시에 간디 사상의 중요한 측면을 금기시하는 것은 어려운 일이지만 방법이 없는 것은 아니다.

간디의 전기를 읽어보면, 그의 개인적인 뛰어남(혹은 불가사의함)이 중심이 되어 있다. 간디에게는 카리스마가 있었다, 그에게는 불가사의한 타인이 갖고 있지 못한 힘이 있었다, 그가 있었기 때문에 인도가 있을 수 있었다, 그는 성인이었다, 등등. 간디의 정신력, 지혜, 상황판단력, 리더십, 성실함 등이 뛰어난 것이었음은 틀림없다. 그러나 그것만을 주장하면 간디가 정치사상가이기도 했고 새로운 정치사상을 보급하려고 노력했다는 사실은 은폐되고 만다. 왜냐하면 그가 성인(聖人)이었다면 우리처럼 성인도 아무것도 아닌 보통사람들에게는 그가 생각한 것, 행동한 것은 그다지 관계가 없는 것이 되고 말기 때문이다. 멀리서 숭배는 하지만 가까이서 친근감을 느낄 수는 없게 된다.

그러나 그가 정치사상가였음을 인정하면, 그가 생각한 것을 그 개인에 한정해서 혹은 그가 살았던 시대에 한정해서만 적용할 수가 없게 된다. 정치사상은 공적인 것이며 보통사람들에게 적용되는 것이기 때문이다. 그런데 그의 정치사상에는 우리를 불안하게 하는 내용이 들어 있다. 그 내용으로부터 도망가기 위한 방법의 하나가 간디를 '성인'으로 추켜올리고, 그 사상을 우리들 범인과는 관계가 없는 것으로 만드는 것이다.

나는 성인으로서의 간디를 존경하면서 간디가 헌법 초안을 내놓은 것을 알고 나서, 나 자신의 전문분야가 정치사상인 점도 있어서 연구 테마를 변경했다. 헌법제정위원회의 논의가 아니라 간디의 헌법론을 다루기로 한 것이다. 그리고 1년간의 연구 끝에 〈상상 가능한 최소 군대(The Smallest Army Imaginable)〉(*Alternatives*, vol. 31, No. 3, 2006)라는 논문을 발표했다. '책머리에'에서 말한 대로, 이 책의 다음 부분은 이 논문을 기초로 한 것이다.

간디의 헌법안은 유토피아적인 게 아니다

정치사상 중에 유토피아 사상이라는 게 있다. 실제로는 존재하지 않는 정치형태를 그려서, 그것으로써 실제로 존재하고 있는 정치제도를 상대화하고, 경우에 따라서는 비판도 하는 방법이다. 거기에 제시된 정치형태가 실현되어본 적이 없고 혹은 실현될 수 없는 것이라 하더라도 사상의 시야를 넓혀주고, 인간의 가능성을 풍부하게 하고, 우리들이 살고 있는 현실을 '밖'으로부터 볼 수 있는 위치를 제공한다는 의미에서 그것은 쓸모가 있다.

예를 들어, 플라톤의 《국가》는 정치사상의 기본 도서이며 대학에서 필수 텍스트로 흔히 사용되고 학자들의 연구 대상이기도 하지만, 그 책에 그려진 사회를 현실화하고자 하는 사람은 없을 것이다. '유토피아'라는 말을 만든 토마스 모어는 간디와 닮은 성인이면서 권력정치에 있어서도 유능한 인물이었다. 그는 영국의 대법관이었음에도 불구하고 자신이 《유토피아》에서 묘사한 것과 같은 사회를 영국에 실현하고자 하지는 않았다. 또 윌리엄 모리스도 《유토피아 통신》 가운데서 묘사한 사회를 SF소설과 같이 먼 미래에 위치시켰다. 그리고 책이 출판된 19세기 단계에서는 간단히 실현할 수 없는 형태로 묘사했다.

그러나 간디의 헌법안은 머릿속에서의 실험이 아닌 현실적인 제안으로서 나온 것이었다. 그는 진지하게 사람들에게 이 헌법안의 훌륭함을 알려서 많은 사람들이 설득되면 그것이 실현 가능하다고 생각했다.

여기서 정치사상에 있어서 '가능/불가능'이라는 말에 대해서 조금 설명할 필요가 있다. '불가능'에는 여러가지 종류가 있다. 《걸리버 여행기》에 묘사되어 있는 불가사의한 나라들은 원칙적으로 '불가능'하다. 즉, 이 지구에 살고 있는 인간과 다른 생물이 되지 않으면 안되는 세계이다. 그런데 플라톤이나 토마스 모어가 묘사하고 있는 이상향은 인간의 본질과 모순되지 않는다는 의미에서 '가능'은 하지만 당시의 사회 속에서(현재도 그렇지만) 그와 같은 이상향을 실현하고자 하는 움직임도, 관심도 없었기에 "실현하려 아무리 애써도 소용없다"는 의미에서 '불가능'한 것이었다.

그러나 간디는 당시 인도의 사회구조 속에 자신의 헌법안의 기초가 있다고 믿었고, 많은 사람들이 그 사실을 이해한다면 먼 장래가 아니라 인도가 독립을 획득한 단계에서 그 구상이 실현 가능하다고 생각했다. 혹은 독립 이전부터 그와 같은 정치형태를 조금씩 형성한다면, 식민지 제도는 붕괴하고 인도는 그대로 독립할 수 있다고 생각했다. 그 때문에 결국 헌법제정위원회가 '보통'의 서양식 국가를 선택했을 때, 간디는 "역시 불가능한 것이었다"라고 생각하지 않고, "나는 인도를 설득할 수 없었다"(전집 91권, 203쪽)고 말하며 낙담했던 것이다.

이것은 앞에서 말한 '금기'의 이야기와 관계가 있지 않을까? 즉, 원칙적으로 불가능한 혹은 누구라도 실현하려고 생각하지 않는 이상향은 전혀 두렵지 않기 때문에 금기시할 필요가 없다. 한편 국가에 관한 기본 상식을 뒤엎을 위험성이 있고, 또 실현 가능하기도 한 이상향은 진실로 두려운 것이다. 그러므로 그것은 금기시되는 것이다.

간디와 마키아벨리

다음으로, 마키아벨리의 사상 문맥에서 간디의 경우를 생각해보자. 이렇게 하는 데에는 두 가지 이유가 있다. 하나는, 내가 간디의 비폭력을 테마로 하고 있다고 해서 권력정치의 엄혹함을 알지 못하는 인간이라고 생각하는 독자가 있을 가능성이 있기 때문이다. 그러나 더 중요한 또하나의 이유는, 국가 창설이라는 관점에 있어서는 마키아벨리가 첫째가는 정치사상가이기 때문이다. 이것은 권력정치의 사상가라는 마키아벨리에 대한 평판 때문에 잘 보이지 않는 면이다. 그러나 마키아벨리가 가장 강조해서 말하고 싶었던 것은, 새로운 국가의 창설 혹은 오래된 국가의 개선은 한 사람의 인간(그것도 남자)의 지도 밑에서 하지 않으면 불가능하다는 것이었다. 말할 것도 없이, 이 인간이란 《군주론》의 군주이다. 당시에는 정치용어로 '카리스마'라는 말은 존재하지 않았지만, 현대라면 그것은 '카리스마'라고 일컬어졌을 것이다.

이 입장에서 본다면, 20세기는 마키아벨리의 세기라고 말할 수 있다. 왜냐하면 이만큼 단기간에 저토록 많은 국가가 창설된 시대는 인류역사상 처음이기 때문이다. 그리고 거의 대부분의 경우, 마키아벨리가 말한 《군주론》의 군주 같은 지도자의 이름이 붙어 있다.

식민지로부터 독립하여 새로운 국가가 된 나라와 그 지도자의 이름을 생각나는 대로 열거하면, 터키의 무스타파 케말, 이집트의 가말 압델 나세르, 버마의 우누, 세네갈의 레오폴 세다르 상고르, 인도네시아의 수카르노, 케냐의 조모 케냐타, 가나의 크와메 은크루마, 조선민주주의인민공화국의 김일성, 베트남의 호치민, 쿠바의 카스트로 등이다. 식민지로부터의 독립은 아니지만 국가 재건설의 경우까지 포함해서 생각하면, 소련의 블라디미르 레닌, 유고슬라비아의 요시프 티토, 중국의 모택동과 같은 이름도 떠오른다.

그리고 인도의 경우에는 물론 모한다스 간디이다. 정치적인 교묘함과 냉정함이라는 측면에서 간디 이외의 지도자들은 마키아벨리가 《군주론》에서 묘사한 모범에 상당히 가깝다고 할 수 있다. 그런데 간디만은 어딘가 다르다. 국가의 재건(창설에도 해당하지만)의 딜레마에 대한 마키아벨리의 말을 기억하면 그 차이가 조금 확실히 보일 것이다.

> 그런데 한 나라의 정치체제를 재편하는 데에는 아무래도 고결한 인물이 필요하다. 다른 한편, 힘으로 국가의 지배권을 손에 넣기 위해서는 악한 지혜를 구사하는 남자가 아니면 안된다. 그러나 고결한 인물이 군주가 되기 위해서 목적하는 바가 아무리 훌륭한 것일지언정 납득할 수 없는 수단까지 쓴다는 것은 극히 드물게밖에 볼 수 없다. 또 이와 반대로, 군주가 된 사악한 인물이 급히 선행을 베풀려고 마음이 바뀐다거나, 자신이 부정한 수단으

로 손에 넣은 권력을 이번에는 바르게 쓰려고 생각하는 것과 같은 예도 극히 드물다.

—《정략론》 제1권, 18장

앞에서 말한 국가 창설자들이 스스로 '군주'가 되기 위해서 하지 않으면 안되었던(안된다고 그들이 생각했던) 것과, 독립 후 혹은 혁명 후의 정부에 필요했던 것 사이의 마키아벨리적 딜레마와 관련하여 어느 정도 성공했는가 혹은 실패했던가에 대해서는 많은 연구서들이 있다. 그러나 간디의 경우, 마키아벨리즘에 대한 부정이 너무나 철저했기 때문에 딜레마는 역방향으로 왔다. 즉, 국가 건설에 성공하기 위해서 하지 않으면 안된다고 마키아벨리가 생각했던 폭력범죄 없이 인도를 식민지 상태로부터 독립으로 이끄는 것이 가능하다는 사실을 간디는 발견했다. 혹은 오히려, 그의 위대한 의지력으로 그 가능성을 창조했다고 말하는 편이 좋겠다.

그런데 독립이 성공한 단계에서, 그것은 또하나의 폭력국가의 창설 과정으로 변질하였다. 간디는 '인도'라는 나라 혹은 민족의 창립자로 여겨지고 있지만, 국가의 창립자 혹은 그 '군주'가 되는 것은 그의 본질에 반하는 것이었다. 앞에서 말한 20세기의 국가 창설을 주도한 지도자들 가운데 국가원수가 되지 않았던 것은 간디뿐이다. 영국으로부터 인도로 권력이 이양되는 날이 가까워지면서 영국으로선 간디가 가장 중요한 교섭 상대였지만, 간디 자신은 막 태어나고 있던 새 정부로부터 거리를 두고 떨어져 있었다. 간디는 새 정부의 어떤 지위에도 있지 않았고, 헌법제정위원회에도 참가하지 않았다. 독립이 가까워지고 있었음에도 그는 절망감을 자주 표현하고 있었다.

그리하여 그에게 있어서 마키아벨리의 딜레마는 정반대로 된다. 즉, 윤리적 수단만을 이용하여 나라를 독립까지 지도한 사람이 독립 후에 생겨난 폭력국가의 악질적인 수단을 어떻게 쓰는 게 가능할 것인가.

간디는 그와 같은 변신을 할 수 없었다. 그는 정부를 건설하고 있던 제자들의 고문역을 계속했지만, 새 정부 속에 그가 있을 장소는 없었다.

"나는 예언자가 아니다, 나는 현실적 이상주의자이다"

인도의 새 정부에 간디가 있을 장소는 없었다는 사실을 생각하면, 그는 현실정치를 모르는 몽상가였다는 것으로 들릴지 모른다. 확실히 간디를 표현하는 말에는 유토피아주의자, 완전주의자, 도덕주의자, 선인, 성인 등이 있고, 이들 각 표현의 배후에는 모두 현실주의자가 아니라는 뉘앙스가 숨겨져 있을 것이다. 그러나 당시 세계 최대의 권력을 장악하고 있던 제국으로부터 독립을 쟁취한 인도 독립운동은, 비현실적인 이상주의로 쟁취한 것이 아니라 어디까지나 실력으로 쟁취한 것이었다. 그리고 그 운동의 가장 중요한 지도자는 간디였다.

간디는 '권력정치'에 매우 능했다. 그러나 이렇게 말하면 오해를 불러일으킬 염려가 있다. 간디는 앞에서 말했듯이 '이상'과 '실력'을 구별하지 않았다. '현실적 이상주의'라는 말은 간디가 말한 'practical idealism'을 내가 번역한 것인데, 어쩌면 '실현 가능한 이상주의'라고 번역하는 쪽이 정확할지도 모른다. 간디에게 있어서 이상주의라는 것은 실력정치를 단념한다는 뜻이 아니었다. 그렇기는커녕 이상론이야말로 실력이 될 수 있다고 그는 믿고 있었다.

비협력

간디의 복잡하고 심오한 사상으로부터 몇 개의 원리를 가급적 간략히 소개하고 싶다. 우선, 정치사상에서 가장 중심적인 문제로서, 허다히 논의되는 문제의 하나에 대해서 간디의 사상에는 그 나름의 답변이 있다. 그 문제란, 정치권력이란 무엇인가, 어디에서 발생하는가, 라는 것이다. 그것에 대해선 예로부터 다양한 답이 제시되어왔다.

권력은 신으로부터 온 것이다.(왕권신수설)

권력은 태어날 때부터 있는 것이다.(귀족지배)

권력은 군사력이다.(이렇게 생각하는 사람이 많기 때문에, ○○설(說)은 되지 않는다)

권력은 돈이다.(자본주의)

권력은 과학기술로부터 생겨나는 것이다.(근대화론)

권력은 조직력이다.(관리사회론)

권력은 능력으로부터 생겨나는 것이다.(학력사회)

간디의 답변에는 식민지에서 태어나 성장한 인간의 처지가 반영되어 있다. 구체적으로는, 인구가 적은 영국이 인구가 압도적으로 많은 인도를 어떻게 해서 몇 세기 동안이나 지배할 수 있었던가, 그 권력은 대체 무엇이었을까, 라는 물음이었다. 확실히 영국에는 돈도 기술도 군사력도 있다. 하지만 그와 같은 설명을 간디는 인정하지 않는다. 간디에 의하면, 영국의 인도에 대한 지배력은 인도인 내부에서 비롯된 것이다.

간디는 이 생각을 1908년에 출판된 《힌두 스와라지》에도 썼다. 스와라지는 본래 '자립'에 가까운 의미를 가지고 있다. 그러므로 정치적인 독립만을 가리키는 게 아니라 경제적 자립, 문화적 자립, 사상적·정신적 자립 등, 더욱 광범한 의미로 사용되는 말이다. 간디는 《힌두 스와라지》 속에서 어떻게 인구가 적은 영국이 압도적으로 인구가 많은 인도를 정복·관리·지배할 수 있는가라는 문제에 대해서 다음과 같이 답하고 있다.

> 영국이 인도를 뺏은 것이 아니라 우리가 인도를 바친 것이다. 영국인들이 자력으로 인도에 살고 있는 게 아니라 우리가 영국인들이 살도록 만들어준 것이다. (…) 영국인에게는 왕국을 건설할 마음은 없었다. 그 회사(동인도회사) 사람들을 도운 것은 누구였던가? 회사 사람들의 돈을 보고 유혹을 당한 것은 누구였던가? 회사의 상품을 누가 사주었던가? 역사는 증명하고 있다. 바로 우리들이 그 모든 것을 했던 것이다. (…) 우리가 영국인들에게 인도를 바치고, 영국인들에게 인도를 지배해달라고 한 것이다. 영국인들 중에는 인도를 칼로 손에 넣었다고, 칼로 지배하고 있다고 말하는 자도 있다. 그러나 그것은 오류이다. 인도를 지배하는

데에 칼은 쓸모가 없다. 우리 자신이 영국인들을 [인도 속으로] 끌어당겼다.

— 제7장

즉, 인도인이 적극적으로 협력했을 때 비로소 영국의 지배는 가능해졌다는 것이다. 인도인이 영국이 만든 정부에 취직하고, 관료, 경찰관, 군인도 되고, 영국의 괴뢰정권이 만든 법률을 지키고, 그 정부가 설치한 재판소에 청원을 하고, 영국학교에서 공부를 하고, 영국이 만든 각종 면허장을 구하고, 영국정부로부터 명예가 주어지면 기뻐하고, 영국의 공장에서 일하고, 영국산 상품(특히 섬유)을 사고, 그리고 온갖 면에서 인도의 지혜, 습관, 풍습 등을 열등한 것이라고 경시하고, 영국의 모든 것을 동경한다 — 이 모든 게 합쳐져서 영국의 권력이 만들어진 것이다.

흥미로운 것은 이 식민지지배 권력론을 역으로 되돌리면 식민지지배의 권력해체론, 즉 독립혁명론이 된다는 사실이다. 그리고 이 혁명론에는 윤리적인 측면도 있다. 무슨 말이냐 하면, 만일 영국 식민지지배가 부정하고 범죄적이라면 거기에 협력하고 있는 인도인들은 공범자가 되기 때문이다. 그리고 반면에, 그 공범적 행위를 그만두는 것만으로 혁명을 일으키는 것이 가능하다. 영국의 권력이 인도인의 협력에 의해서 생겨나는 것이라면, 그 권력의 원천은 객관적으로도 인도인의 손에 있는 것이 된다. 즉, 모든 인도인이 한꺼번에 협력을 그만둔다면 무적의 대영제국은 무력하게 된다. 그리하여 비협력은 최강의 실력이 될 수 있는 것이다.

이 혁명론을 맑스의 그것과 비교하면 흥미롭다.

일반적으로 맑스가 구상한 혁명은 '폭력혁명'이라고 평가되고 있다. 확실히 맑스 자신은 폭력을 부정하지 않는 정도가 아니라 다소 미화하기도 한다.

그러나 그의 '프롤레타리아혁명'의 구조를 보면, 그 기본적인 힘은 무장봉기가 아니다.

> 지금까지의 모든 운동은 소수자의 운동이거나 혹은 소수자의 이익을 위한 운동이었다. 프롤레타리아운동은 압도적인 다수자의 이익을 위한 압도적인 다수자의 자주적인 운동이다. 현대사회의 최하층인 프롤레타리아트는 공적 사회를 구성하는 사회계층의 상부구조를 전부 공중으로 날려버리지 않으면, 일어서는 것도 몸을 펴는 것도 불가능하다.
>
> —《공산당선언》

"일어서서, 몸을 편다"는 것은 결국 총파업을 일으키는 것이다. 그리고 총파업은 궁극적인 비협력이다. 맑스의 분석에 의하면, 노동자의 노동(=협력)에 의해 자본가의 권력이 발생하고 있기 때문에 철저한 총파업(=비협력)을 일으키면 자본가의 권력은 증발하고 만다. 군대나 경찰 등의 공격을 받고 파업을 하고 있는 노동자들로부터 폭력이 일어날지도 모르지만, 그것은 이차적인 것이며 혁명의 '힘'은 결국 파업(=비협력)이다.

물론 독립운동 시대에는 인도에는 공장이 별로 없었고, 공장

노동자(=프롤레타리아)도 적어서 '프롤레타리아 총파업'만으로는 영국세력이 그렇게 곤란해지지는 않았을 것이다. 그러나 인도가 식민지인 이상, 설령 프롤레타리아는 인구의 작은 일부일지라도 전원이 피식민 민중이었다. 그러한 의미에서 맑스의 프롤레타리아혁명보다 간디가 구상한 비협력운동 쪽이 더욱 광범하고, 철저하며 강력한 정치체제 전복 방법이었다고 할 수 있다.

비폭력

국가의 폭력은 '정당한 폭력'이라고들 말한다. 한 세기 전의 사회학자였던 막스 베버에 의하면, 국가의 정의(定義) 자체가 "정당한 폭력의 권리를 독점하고 있다고 주장하는 사회조직"이다. 베버가 용의주도하게 '…라고 주장하는'이라는 말을 넣은 것이 흥미롭다. 즉, 그 '독점'은 베버의 시대에도, 오늘날에도 완벽히 이루어지는 게 아니다. 그러나 자신에게도 '정당한 폭력의 권리'가 있다고 주장하는 다수 독립운동이나 혁명운동은 언젠가 국가권력을 장악할 의도가 있기 때문에 그 장래의 국가의 권리를 소급적으로 자신들의 활동에 적용하려고 할 것이다.

이 '정당한 폭력의 권리'는 국제법에도 정해져 있어서, 정전론(正戰論)의 기본적 권리가 되어 있다. 구체적으로는, 정의(正義)의 전쟁에서 싸우는(즉, 사람을 죽이고 재산을 파괴하는) 인간은 적군에 잡혔을 때 '살인범'이 아니라 '포로' 취급을 받는다. 사람을 아무리 많이 죽여도 그것이 '정의의 전쟁'인 이상, 그 행위는 법적으로도 윤리적으로도 범죄가 안된다.

정의의 전쟁이 어째서 '정의'로운 것인가. 그것에 대해서는 여러가지 설이 있는데, 그중에 게임이론에 근거한 설명이 있다. 즉, 전쟁이란 극히 엄격한 규칙에 따른 스포츠 같은 것이라는 생각이다. 예를 들어, 권투 선수가 거리에서 하면 곧바로 체포될 행위를 링 가운데서 하면 허용되는 것은 어째서인가. 그것은 상대 권투 선수도 같은 게임에 참여하여, 같은 규칙을 지키며 똑같이 구타를 행하기 때문이다. 즉, 양쪽 복서는 권투의 위험성(부상을 당하거나 죽는 것도 포함하여)을 인정한 다음에 시합을 하는 것이다. 따라서 녹아웃된 복서에게서도, 살해된 병사에게서도 불평이 없다. 왜냐하면 자신에게 행해진 것은 자신이 상대방에게 행한 것과 똑같은 것이기 때문이다. 이 논리가 바른가 어떤가는 별개로, 이것은 정전론 속에서도 국제법 속에서도 그리고 병사의 양심 속에서도 그러한 형태로 존재하고 있다.

사티야그라하, 즉 간디가 권장한 비폭력운동은 이 게임을 완전히 무시한다. 사티야그라히(비폭력운동가)가 상대방을 살해할 '권리'를 방기함으로써 상대방의 살해할 '권리'도 뺏는 것이다. 다시 말해서, 상대방이 갖는 '정전(正戰)'의 권리, '정당한 폭력'의 권리는 이쪽도 같은 규칙에 의해 움직인다는 대전제 위에 있는 것이다. 따라서 이쪽에서 그 규칙을 인정하지 않고 사람을 살해할 권리를 방기하고 실제로 죽이려고 하지 않는다면, 상대방의 행위는 '정전'이 아니라 '범죄행위'로 바뀌게 된다.

그런데 이것은 일반 병사에 대해서도, 사령부에 대해서도 극심한 압력이 되어 사기를 크게 떨어뜨릴 수 있다. 물론 인도의 역사에서 보듯이, 사티야그라하를 사용하면 군대가 절대로 폭력을 쓰지 않는다는 보장은 전혀 없다. 오히려 사티야그라히가 구타당하고, 공격당하고, 살해되는 일도 있었다. 그러나 그 운동은 데모와 같이 '반대의견을 표현하는' 것도, 서명활동과 같이 '정부에 호소하는' 운동도 아니었다. 비협력+비폭력운동은 틀림없는 실력행사였다.

원래 간디는 폭력에서 생겨나는 힘을 참된 '힘'이라고 믿지 않았다. 예를 들어 간디의 이런 말이 있다. "오해하면 곤란하다. 힘은 물리적인 능력에서 나오는 게 아니다. 힘은 불굴의 의지에서 나오는 것이다."(전집 21권, 134쪽) 간디는 되풀이하여 사티야그라하는 약자가 하는 방식이 아니라고 말했다. 그는 약자(그에게는 의지가 약한 사람)를 미화하는 정치를 하지 않았다. 간디가 폭력·군사력을 혐오한 것은 그것이 '힘의 논리'나 '강자의 논리'인 까닭이 아니라, 사람의 마음에까지 미치지 않는다는 점에서도 진정한 힘이 못 되기 때문이었다.

그러나 오해가 없도록 부언하지만, 비폭력은 간디에게 단순한 '수단'이 아니었다. 모든 수단을 냉정히 비교하였더니 우연히 '비폭력' 쪽이 가장 강력하기 때문에 그것을 선택하는 것이지 만일 폭력 쪽이 강하다면 같은 기준으로 그것을 선택한다, 그러한 것이 아니었다.

그러나 인도 국민회의의 다른 지도자들에 있어서는 아무래도 그러한 것이었다고 할 수 있다. 즉, 반대운동 단계에서는 비폭력은 현명한 전략이었지만, 국가를 건설하는 단계가 되면 비폭력은 더이상 유효하지 않게 되었다고 생각하여 군사력을 가진 국가를 만들려 한 것이다.

간디에게 있어서는 비폭력운동의 실력적인 측면과 정신적인 측면, 윤리적인 측면은 분리를 할 수가 없는 것이었다. 그 때문에 그는 앞에서 말했듯이 국민회의가 폭력국가를 건설했을 때 마음속 깊이 절망을 했던 것이다.

간디와 헌법

그런데 간디의 헌법안은 어떠한 것이었을까. 그 전에 우선 확인해야 할 것이 있다. 그것은 간디가 '헌법(constitution)'이라는 말을 어떤 의미로 사용했는가 하는 것이다. 간디의 많은 글은 영어로 쓰여 있고, 전집 중에는 'constitution'이라는 말이 몇 번이나 나온다. 그러나 그것들은 보통 말하는 '헌법'이라는 것과는 상당히 다른 의미로 사용되는 일도 있다. 그와 같은 말의 용례를 소개하면서 그의 신헌법안에 접근해보자.

constitution ①: 체질

하나는 '신체의 constitution'이라고 말하는 방식이다. 실은 간디는 양생법에 대단히 열심이었던 사람이다. 그는 채식주의자였으며, 여러가지 질병에 대한 치료법을 연구하고 그것들에 관한 글을 허다히 남겼다.

또 그는 자신의 몸만이 아니라 주위 사람들이 무엇을 먹고, 무엇을 마시고 있는가에 대해서도 대단히 관심이 많았다. 그런 문맥에서 '신체의 constitution'이라는 말을 자주 사용하고 있다. 예를 들어, "이 사람의 constitution은 약하다/강하다"라는 말도 하고, "누구누구의 constitution에 맞는 음식"이라든가 "채식주의자가 되어 야채만 먹으면 constitution은 회복된다"라는 용례도 빈번히 나온다.

즉, 우리가 말하는 체질, 나아가서는 신체의 구조, 건강상태와 같은 뜻으로 이 말을 쓰고 있는 것이다.

constitution②: 조직의 구성

두 번째는 조직이 어떻게 구성되어 있는가 하는 의미이다. 예를 들어, "위원회가 어떻게 constitute 되어 있는가"라는 용례이다. 간디는 다양한 종교와 문화가 혼재하는 인도의 어떤 조직에서 어떠한 민족이나 종교 혹은 계층, 사상이 대표되고 있는가 혹은 식민지인 인도에서 그 구성원 속에서 지배자인 영국인은 몇 명이고, 인도인은 몇 명인가, 라는 데에 주의를 기울였다. 얼른 보면 앞의 constitution①과 다른 것 같지만 공통점이 있다. 즉 신체의 경우에도, 조직의 경우에도 균형이 맞지 않으면 불건전한 'constitution'이 되고 만다는 것이다.

constitution③: 영국 헌법

세 번째는 영국의 헌법이다. 영국에는 하나의 문서로 정돈

된 헌법은 없지만 관습법, 대헌장, 권리장전, 판례 등이 영국의 'constitution'을 형성하고 있다. 남아프리카의 아파르트헤이트 체제와 싸우던 시기에 간디가 한 발언들 중에는 그러한 구조적인 인종차별은 영국 헌법 정신에 대한 모욕이라고 하는 발언이 많았다.

예를 들면 다음과 같다.

> [아파르트헤이트는] 세계에서 가장 바르고 순수하다고 말해지는 영국의 면목과 헌법에 대한 모욕(이다).
>
> — 전집 2권, 116쪽

> 영국의 헌법은 프레토리아에서 개정되었는가. 아니면 정의는 최종적으로 승리할 것인가.
>
> — 전집 3권, 223쪽

> 영국의 헌법은 모든 영국의 신민이 법 아래에서 평등하게 취급되지 않으면 안된다고 우리에게 가르친다. 나는 아이였을 적에 그렇게 배웠다. 따라서 나는 트란스발의 법 아래에서도 평등한 취급을 요구하는 바이다.
>
> — 전집 9권, 88쪽

> 영국 헌법의 대원칙, 즉 어떠한 사람도 유죄 판결이 나오지 않은 한 무죄한 인간으로 취급해야 하며, 무죄한 인간이 고통을 받는 것보다는 유죄한 인간이 해방되는 쪽이 낫다는 원칙.
>
> — 전집 7권, 24쪽

이와 같은 젊은 간디의 발언을 읽으면, 이 사람은 선인이나 성인, 카리스마적 지도자이기 이전에 영국에서 자격을 취득한 변호사라는 사실을 상기하게 된다. 물론 영국인을 설득하려고 할 때에는 그들이 가장 존중하고 있는 영국 헌법의 존재를 강조하는 것이 현명한 전략이다. 그러나 아무래도 이 젊은 변호사 자신도 영국인 못지않게 영국 헌법의 이념을 진정으로 믿고 있었던 것 같다.

그렇다고 해서 그가 영국 전체에 대해 긍정적이었다는 것은 아니다. 남아프리카로부터 인도로 돌아온 후 간디는 다음과 같이 썼다.

> 우리는 영국 헌법의 이론을 훼손하지 않기 위해서 싸웠다. 그것은 언젠가 현실을 그 이론에 가급적 근접시키기 위해서였다.
>
> — 전집 15권, 17쪽

또하나 영국 헌법에 관한 그의 발언 중에 흥미로운 것이 있다.

> 영국 헌법 아래에서 누구라도 열심히 싸우지 않는다면 아무것도 얻을 수 없다.
>
> — 전집 19권, 197쪽

얼른 보면 이것은 영국 헌법에 대한 비판같이 들린다. 그러나 그보다는 오히려 영국 헌법의 본질을 잘 포착한 발언이라고 말하는 편이 옳을 것이다. 즉, 영국 헌법은 영국인이 싸워서 쟁취한 권리와 자유가 제도화된 것이라는 사실이다.

다시 말하면, 인민의 싸움이 물상화된 것이 바로 헌법이라는 것이다. 이와 같은 역사를 가진 헌법인 이상, 지금도 권리를 요구하고자 한다면 또 싸우지 않으면 안된다고 간디는 이해한 것일 것이다.

그리고 간디는 이 통찰을 더 한층 심화하고 있다.

> 만일 (…) 청원활동을 하더라도 정부의 명령이 개선되지 않는다면, 거기에 굴종적으로 따르는 것은 영국 헌법 정신이 아니다. 냉정히 생각한 결과 부정하거나 억압적이라고 생각되는 명령을 위배하는 것은 국민의 생득권이며, 의무이기도 하다.
>
> — 전집 16권, 433쪽

비협력·비폭력·불복종을 간디는 레프 톨스토이, 헨리 데이비드 소로, 힌두교 및 기타 종교에서 배웠다는 설(說)들이 있다. 그러나 남아프리카에 있을 때의 글을 읽으면 젊은 변호사 간디는 영국 헌법에서 큰 영향을 받고 있었던 것 같다.

그는 '법'이란 인간을 단순히 따르게 하는 것이 아니라 인간에게 권리를 보장하는 것이라는 점을 숙지하고 있었다. 또한 법을 포함하여 정부의 명령에 따르는 것은 절대적인 의무가 아니라 개인의 윤리에 기초한 선택이라는 것도 그는 알고 있었다. 왜냐하면 각 개인은 그 '법' 이외의 가치기준을 갖고 있기 때문이다. 그것은 다음과 같은 간디의 'constitution'의 용례에서 확실히 볼 수 있다.

constitution④: 신(神)의 뜻

간디에게는 다음과 같은 발언도 있다.

> [트란스발에 있는 인도인들은] 세속적인 헌법에 대한 충의심을 신(神)과 그의 헌법에 대한 충의심보다 부차적인 것이라고 생각하고 있다.
>
> — 전집 10권, 199쪽

'신의 헌법'이라는 것은 자신의 양심에 비추어진 법이다. 핵심적인 것은 '법'이 바른가 바르지 않은가를 평가할 수 있는 기준은 각 개인에게 있다는 점이다. 결국 세속적인 법과 자신의 양심 사이에 모순이 있는 경우, 전자를 깨뜨리는 한이 있어도 양심에 따라야 한다는 사상이 여기에 엿보인다.

constitution⑤: 조직의 회칙

앞에서 말했듯이, 간디에게는 정치가, 종교가, 성인, 카리스마적 지도자, 돌팔이 의사(자칭) 등등 다양한 얼굴이 있었다. 그러나 그 이전에 그는 법률가, 즉 변호사로서 인생 경력을 시작했다. 영국에 유학하여 법률을 배우고 남아프리카에서 변호사로 일하고 있던 그는 그 때문에 법률 용어를 사용하는 일이 자유로웠다.

영어의 'constitution'에는 '조직의 회칙'이라는 의미도 있다. 그것은 전문용어를 사용해서 조직의 운용 방식을 결정하는 문서이다. 제1조, 제2조, 제3조…라고 법률용어가 잇달아 나오는 것인데, 간디는 그와 같은 문서의 작성에 관해서 많은 지식을 갖고 있었다. 그래서 예를 들어서 남아프리카 체재 중에 간디는 자신이 소속되어 있던 나탈인도회의(Natal Indian Congress)의 회칙을 1894년에 작성한다. 1906년에는 남아프리카의 이슬람교청년협회의 회칙도 작성하고 있다. 인도로 돌아가서도 전인도마을산업협회(All-India Village Industries Association)나, 이른바 불가촉민들을 위한 하리잔협회 등을 위해서 많은 회칙들을 작성했다. 해당 조직의 회원이 아니더라도 법률 용어를 숙지하고 있었기 때문에 그는 그러한 일을 종종 맡았다.

constitution ⑥ : 혁명 전략

1920년, 간디는 인도 국민회의의 회칙을 수정했다. 그렇게 해서 'constitution'이라는 말의 의미는 전혀 새로운 것으로 변모하였다. 수정된 회칙(Constitution of the Indian National Congress)은 12월의 국민회의 총회에서 정식으로 가결되었다. 그 결과, 국민회의는 종래와 같은 상당히 느슨한 집단으로부터 좀더 합리적인, 농촌 구석구석까지 미치는 조직이 되었다. 그 이전에는 누가 회원인지 모호했지만, 이번에는 소액의 회비를 내고 회칙을 지킨다고 선서한 사람이 회원이 된다는 규칙이 정해졌다. 그리고 국민회의는 회원모집 캠페인을 개시하였다. 이 캠페인에는 특별한 의미가 있었다. 그것은 간디의 '권력' 분석에 기초한 것이었다.

영국의 식민지권력이 기본적으로 인도인들에 의해 발생한

것인 이상, 그 권력을 무력화하는 힘도 당연히 인도인들의 손에 있었다. 영국의 인도 지배가 인도인의 협력에 기초해 있는 것이라면 그 지배를 끝낼 무기도 확실히 있었다. 그것은 비폭력이었다.

적어도 1908년부터 간디가 생각해왔던 사회변혁론은 1921년 국민회의의 스와라지 캠페인의 기초가 되었다. 회칙이 가결되었던 총회가 열리기 석 달 전에 또하나의 큰 총회가 캘커타에서 열렸고, 그 총회에서 격렬한 토론을 거쳐서 영국 식민지 제도에 대한 비협력 노선이 가결되었던 것이다.

구체적으로 국민회의의 회원은,

① 영국정부가 설치한 학교에 아이들을 보내지 않는다,

② 영국정부가 설치한 재판 제도를 보이콧한다(변호사인 경우엔 그 일을 하지 않는다),

③ 영국정부가 설치한 마을의회, 시의회, 국회 등과 협력하지 않는다(의원이라면 그 직위에서 사임한다),

라는 '트리플 보이콧'을 의결하였다.

나아가서, 영국산 수입품(주로 옷감)을 보이콧하고 손으로 짠 인도의 전통 옷감(카디)을 모두 노력하여 부활시킨다는 것도 총회에서 결정하였다. 이 보이콧이 성공하면 영국 식민지정부가 특별히 정책을 변경하지 않더라도 인도인들 자신이 자기 노력으로 식민지 제도에서 벗어나 스와라지, 즉 자립을 실현할 수 있다는 전략이었다. 따라서 마을사람들이 회비를 내고 신입회원이 되면 이 보이콧운동에 참여한다는 약속을 한 것이 된다. 회원이 증가하면 '1년 만에 평화적인 무혈혁명'이 가능해진다(전집 22권, 202쪽).

간디는 말한다.

> 이 새로운 회칙(constitution) 밑에서 우리의 정책을 전국적으로, 또 세세히 실현하기 위해서 1년 사이에 국민 전원을 조직하는 것이 가능하다. 그리고 거대한 인도 민족은 의식적으로 노력한다면 우리의 정당한 자립의 소망을 저지당할 수 없을 것이다. 만일 우리가 학교를 국영화하고 재판소를 보이콧하고 그리고 필요한 옷감을 전부 스스로 생산한다면, 그것은 우리의 자치권을 주장하는 일이 되며, 세계의 어떤 군대라도 우리의 결심을 깨뜨리지 못할 것이다.
>
> — 전집 22권, 204쪽

> 이 국민회의의 회칙이 가진 의의를 이해하지 않으면 안된다. 이 회칙은 우리가 조속히 스와라지를 쟁취하도록 작성된 것이다. 만일 그 회칙에 따라서 모든 마을에 국민회의위원회를 설치하고, 21세 이상의 남녀 전원의 이름을 우리 명부에 올리는 데 성공한다면, 정부의 권위가 존경을 받는 것과 동시에 국민회의의 권위도 온갖 것에 관련하여 존경받을 것이다. 정부의 권위는 강제력에 의해서 유지되고 있다. 따라서 만일 같은 장소에 또하나의, 자유의지에 의해서 존경받는 권위가 나타난다면 (…) 한순간도 버티지 못할 것이다. 이 회칙이 전국적인 규모로 기능하기 시작하면 그날부터 스와라지가 실현된다고 말할 수 있다.
>
> — 전집 22권, 447쪽

[이 회칙은] 남자에게도 여자에게도 성인 참정권을 실현해준다. 선서문에 서명하고, 명목뿐인 4안나를 낸다는 2개의 조건만이 있다. 이 회칙은 모든 세력을 공동체가 대표한다는 것이 목적이다. 만일 이 회칙을 정직하게 운영하여 인민의 신뢰와 존경을 얻을 수 있게 된다면 현재의 정부를 추방하는 데에 아무 문제도 없을 것이다. 왜냐하면 인민의 협력(자유의지에 의한 것인가 강제에 의한 것인가는 논외로 하고) 없이는 정부에 권력이 존재할 수 없기 때문이다. 정부가 시행하는 강제력의 거의 전부가 우리나라 사람들을 통해야만 한다. 우리 협력 없이는 10만 명의 유럽인들이 한 사람씩 마을을 점거하더라도 그것은 우리 마을의 7분의 1도 안된다. 인도의 마을의 평균 인구가 400명이라고 한다면 유럽인 한 사람이 물리적으로 마을에 거주하더라도 그가 자신의 의사를 관철시키는 것은 지난할 것이다.

— 전집 22권, 475쪽

1921년이라고 하면 혁명의 시대였다. 아일랜드가 독립을 쟁취하고, 모로코에서 독립전쟁이 시작되고, 러시아에서 크론슈타트 봉기가 탄압을 받고 볼셰비키 정권이 지배를 강화하고 있던 해였다. 간디는 레닌의 존재에 대해 직접 언급한 적은 거의 없지만 러시아혁명을 의식하고 있지 않았던 것은 아닐 것이다. 간디와 레닌을 비교해보면 흥미로운 공통점이 있다. 그것은 양자 모두 당을 중심으로 혁명운동을 주도한 점이다.

레닌은 전위당인 볼셰비키의 활동에 의해 정권을 탈취하고 혁명을 추진하려고 했다. 간디는 국민회의 세력으로 하려고 했지만 국가권력을 쟁취하는 것이 목적은 아니었다. 그는 식민지정부를 자신의 것으로 하려고도, 변화시키려고도 하지 않고, 그것과 다른 원리에 기초한 조직을 발전시켜 식민지정부의 권위를 무력화시키고자 했다. 잘만 하면 식민지정부의 힘은 약화되고 최종적으로 그 힘의 행사가 불가능해질 것이라고 생각한 것이다.

레닌도, 간디도, 정부를 밑으로부터 전복시키려는 의도를 가졌다는 점이 공통점이다. 그리고 운동의 중심적인 전략이 비협력이었다는 것도 또하나의 공통점이다. 러시아혁명은 '폭력혁명'이라고 말들 하지만, 그 이전에 혁명의 힘은 비협력에서 태어났다. 병사는 정부군으로부터 탈주를 하고, 노동자는 파업을 일으키고, 정부의 관리는 직위를 사임했다. 또 대중은 정부의 명령에 따르지 않는 등, '비협력'이 없으면 '폭력혁명'을 일으키는 세력 자체가 형성되지 않는다.

다만, 두 사람 사이에는 큰 차이가 두 개 있다. 하나는 (말할 것도 없지만) 간디는 비협력으로 대항조직을 형성하는 것으로 충분했지만, 레닌과 그 동지들은 대항조직이 이루어지면 그것을 사용한 폭력활동, 군사행동을 일으키지 않으면 안된다고 생각했다. 또하나의 큰 차이는 레닌은 혁명을 국가권력을 탈취하는 것이라고 생각한 것에 대해서, 간디에게 있어서의 혁명이란 국가권력을 해체하고 이질적인 원리에 토대를 둔 다른 조직이 국가를 대신하여 사회의 중심이 되는 과정이었다.

레닌은 국가권력을 장악, 그 권력을 사용하여 다른 형태의 사회, 즉 사회주의사회를 형성하는 것을 생각했지만, 간디는 식민지정부를 전복하는 과정과 새로운 사회를 형성하는 과정은 동일한 것이라고 생각했다. 스와라지(=자립)를 실현한 인도 국민회의가 인도사회 그것이 되는 단계 그 자체가 혁명 후의 새로운 사회였다. 다른 말로 하면, 스와라지는 식민지정부를 무너뜨리는 힘인 동시에 새로운 사회의 원리였다. 그리고 그 '새로운 사회구조'가 간디의 신헌법안의 근간을 이루는 구조가 되어야 하는 것은 당연했다.

그러나 그렇게 되지 않았다. 몇 세대나 전부터 배양되어온 피식민자의 심리와 행동은 그렇게 간단히 변화할 수 있는 것이 아니었다. 그 배후에 깊은 공포가 작용하고 있다면 더 그랬다. 또 식민지 제도에 대한 격렬한 분노를 비폭력의 형태로 표시하는 것도 극히 어려운 일이었다.

결국 간디의 이 믿을 수 없을 정도로 낙관주의적인 운동은 비극으로 끝났다. 국민회의의 정책은 비폭력이었지만, 보이콧 운동은 폭력의 실마리가 되어 인도의 곳곳에서 폭동이 일어나기 시작했다. 간디 등이 그것을 억제하는 것은 불가능했다. 최종적으로 간디는 비협력운동을 중지했다. 그리고 인도 전역에 절망감이 퍼져가는 중에 영국정부는 간디를 체포, 국가 전복범으로 기소했다.

거기에 관련한 역사적 재판은 100분 만에 끝났다. 왜냐하면 간디가 간디답게 스스로의 유죄를 주장하는 답변을 했기 때문이다. 그런 행동을 한 것이 변호사 간디인가, 성인 간디인가는 논외로 하고, 자신이 영국의 인도정부를 전복하려고 한 것은 사실이었기 때문에 법률의 틀 속에서 생각하면 유죄 판결밖에 없다고 그는 생각했을 것이다.

간디는 재판관에게 다음과 같은 선택이 있다고 말했다. 즉, 법률이 허용하는 한 가장 엄격한 판결을 선고하든지 아니면 재판관이라는 직을 사임하든지, 라고. 법제도의 틀 속에서 생각하면 유죄 판결 이외의 선택은 없지만 그 틀의 밖으로 나오면, 즉 재판관의 직을 사임하여 더욱 넓은 틀에서 판단하는 것도 가능하다고 말한 것이다.

그러나 재판관은 그의 직을 사임하지 않았고, 간디에게 6년간의 징역이라는 판결을 내렸다.

사회의 신체로서의 constitution

간디의, 이 'constitution'이라는 생각을 다시 한번 보자.

헌법은 사회의 최상위에 위치하고 있는 규칙이며, 정치적인 조직체로서의 사회를 규정하는 문서라는 것이 일반적인 생각일 것이다. 그러나 여기에서 간디가 의미하는 'constitution'에는 위로부터가 아니라 밑으로부터 사회에 새로운 정신을 불어넣어준다는 이미지가 내포되어 있다.

그것은 사회의 구조 — 사회의 신체 — 를 다시 만드는 것이기도 하다. 앞에서 말했듯이, 간디는 사람의 몸, 특히 그 건강상태를 말할 때 'constitution'이라는 말을 흔히 사용했다. 음식을 바꾼다기보다 '먹는 것'에 대해서 생각을 바꾸면 몸의 건강상태(constitution)가 좋아진다고 그는 확신하고 있었다. 사회에 대한 그의 생각도 비슷하다. 오랜 기간 병들었던 몸을 치료한다 — 즉, 인도인이 영국의 사상과 문화·권위를 "마시지 않음"으로써, 나아가서 영국산 옷감과 돈을 "먹지 않는다"고 한다면, 인도사회는 회복될 것이고, 영국인 식민자는 인도에서 살 곳이 없어진다는 것이다.

1921년 한 해 동안에 이러한 간디의 꿈은 실현될 수 없었지만, 그는 단념하지 않았다. 그것은 이번에는 얼마간 각도가 변경돼서 간디의 판차야트(마을자치체) 중심의 헌법안이라는 형태로 된다.

70만 개의 마을

여기에서 슈리만 나라얀 아가르왈이 《자유인도를 위한 간디의 헌법안》에서 정리한 간디의 헌법에 대한 생각을 간단히 소개한다.

"인도에는 약 70만 개의 마을이 있다"라는 문구를 반복하는 것은 간디의 말버릇이었다. 그리고 아시아의 많은 나라들이 옛날부터 그래왔듯이, 한 마을을 착취하는 것은 가능하더라도 그 마을을 관리할 수 있는 중앙정부는 어디에도 존재하지 않았다. 중앙정부가 있다 해도 세세한 관리란 불가능했고, 개개의 지역은 자치에 의해서 다스려졌다. 그리고 자치는 마을사람들에게 맡겨져서 치안, 안전보장, 의식주에 필요한 것 대부분을 지역에서 생산한 것을 지역에서 소비하는 형태로 성립하였다. 완전한 것은 아니지만 개개의 지역에는 독립적인 영역이 컸다. 특히 인도의 마을들은 각각 놀랄 만큼 자립하고 있었다.

적어도 영국의 관찰자가 거기에 놀랐다는 기록이 있다. 아가르왈은 인도의 영국 총독이었던 메트카프(Sir Charles Metcalf)가 1830년에 쓴 보고서를 소개한다.

> 마을공동체는 작은 공화국이다. 필요한 것 거의 전부가 마을 속에 있고, 바깥과의 관계로부터 거의 독립해 있다. 마을 이외의 것은 아무것도 남아있지 않을 때에도 마을은 남는다. 왕조로부터 왕조가 이어지고, 혁명으로부터 혁명이 되풀이되지만 (…) 마을 공동체는 그대로 남는다.
>
> — 아가르왈, 같은 책, 47쪽

수십 년 뒤 오랜 기간 인도에 체재했던 영국의 법학자이자 역사학자였던 메인도 유사한 내용을 쓰고 있다. 인도의 마을 공동체는,

> 조직되어 있고, 자주적이다. 실제로는 마을의 외부에 있는 개인이나 조직의 원조 없이 공동생활을 계속할 수 있을 만큼의 거의 완벽한 상거래나 직업이 마을 속에 마련되어 있다. 준재판권과 준입법권을 행사하고 있는 촌장이나 마을의회 이외에 마을경찰도 있다(그래도 지금 영국정부로부터 급료를 받고 있는 지역도 있지만). 대대로 이어져온 상인 가계도 있고, 대장간, 마구점(馬具店), 신발가게도 있다. 의식을 행하는 바라문도 있고, 제사에서 공연하는 무용수도 있다. 그리고 공동체에서 극히 중요한 인물인 마을 회계사도 있었다.

— Henry Sumner Maine, *Village Communities in the East and West*, New York, Henry Holt, 1876, p. 125

고대 이래 영국이 침입하기까지 인도는 상대적으로 강력한 국왕의 통치하에 있었다. 그 국왕은 마을의 생산물을 거두어들이고, 자신의 전쟁에 병사로 쓰기 위해서 청년들을 데리고 갔지만, 그 이외에는 농촌사회에 간섭하지 않았다.

— 같은 책, 159~160쪽

그리고 예외는 있었지만 왕조문화와 달리 많은 마을문화는 평화적이었다.

팍스브리타니카(Pax Britanica) 이전의 인도만큼 반복된 전쟁의 피해를 입은 나라는 없지만, 인도의 민중은 군사적인 민족이 되지는 않았다. 옛날에도 지금에도 튜턴(게르만) 민족에서 볼 수 있는 것과 같은 사회 전체의 무장화를 인도에서는 볼 수 없다.

— 같은 책, 124쪽

이러한 견실한 마을이 인도사회의 기초가 되어 있다는 것은 고대 인도의 사료에도 기록되어 있고, 간디 시대의 인도 학자도, 유럽 학자도 일치하여 말하고 있다. 그러한 사회의 존재방식이 식민지시대에 크게 변하여 손상을 입었던 것인데, 그래도 간디 시대에는 아직 마을들의 독자성도 어느 정도 온존해 있었고, 그 기억도 많은 사람들의 마음에 남아 있었다. 옛 그대로는 물론 아니지만 그 마을의 정신, 자립성의 부활이 아직은 가능하다고 간디는 믿었다.

판차야트 — 근원적인 주권재민

간디는 메인의 연구에 영향을 받았다.

> 메인에 의하면, 인도는 마을공화국의 집체였다. 도시 쪽이 마을에 종속되어 있었다. 도시는 마을의 생산물과 아름다운 제품들의 시장이었다. 이것은 내가 생각하는 독립된 인도의 모습, 그 그림의 골격이다.
>
> — 전집 91권, 372쪽

간디의 헌법안의 본질은 1947년, 인도 독립 직전의 이 단순한 발언에 표현되어 있다.

> 독립은 밑으로부터 시작되지 않으면 안된다. 따라서 각 마을이 모든 권한을 가진 공화국, 즉 판차야트가 되는 것이다.
>
> — 전집 91권, 325쪽

이 단순한 말을 진지하게 받아들여보자. 그러나 진지하게 받아들인다는 것은 그렇게 간단하지 않다. 왜냐하면 근대정치의 상식 속에서 이 단순한 말은 '괴상한' 것으로밖에 들리지 않기 때문이다. 간디를 존경하는 사람들도 그가 그러한 말을 한 것을 믿기 어려워하든가 혹은 대단히 불편하게 느낄 정도이다. 그래서 그 문제를 해결하기 위한 방법의 하나가, 간디가 그렇게 말하지 않았다고 주장하는 것이다.

예를 들어, 《간디의 정치철학》 속에서 영국 헐대학의 교수 비쿠 파레크는, 간디가 제안한 것은 "자립적인 마을공동체였다"라고 썼다(Bhikhu Parekh, *Gandhi's Political Philosophy*, Indian Notre Dame Press 1989, p. 114). 그러나 간디는 '공화국(republic)'이라고 말했다. 간디가 이 말의 의미를 충분히 이해하면서 고의적으로 썼다는 점을 생각해야 한다. 공화국이라는 것은 '공동체'가 아니라 주권재민의 국가이다. 인도의 마을들이 모두 주권국가라면 어떻게 될 것인가. 간디가 말했듯이 인도에는 70만 개의 마을이 있었다. 이것을 문자 그대로 생각하면, 간디는 세계의 주권국가 수를 당시의 76개 나라에서 70만 76개로 늘리자고 제안한 셈이다. 만일 각 마을이 유엔에 대사를 보낸다고 하면 전원이 들어갈 홀이나 스타디움도 존재하지 않을 뿐만 아니라, 뉴욕시의 인구가 10퍼센트 정도 증가할 것이다.

그러나 간디의 제안이 유엔을 인도인들로 메울 음모는 아니었을 것이다. 이 70만 개의 판차야트는 연합체로 묶인다는 계획이었다. 마을의 판차야트 대표는 타르카판차야트(대개 20개 마을)를 조직하고, 그 대표가 또 지역 판차야트를 조직하며, 그 위에 또 주(州) 차원의 판차야트가 있고 그리고 마지막으로 전(全) 인도의 판차야트가 조직될 것이었다. 아마도 유엔에 대표를 보내는 것은 이 전 인도 판차야트일 것이다. 그렇다고 해서 결국 주권이 중앙정부에 있다는 의미는 아니다. 간디와 아가르왈이 생각한 마을의 판차야트 위에 있는 상위조직은 유엔과 같은 것이었을 것이다. 즉, 상당한 권위는 있지만 가맹국의 주권에 간섭할 권리는 없는 국제기구와 같은 조직 말이다.

아가르왈은 '주권'이라는 말을 사용하지 않고, 더 알기 쉬운 말을 쓴다.

> 이 상위조직의 기능은 강제적인 것이 아니라 조언적인 것이다. 하위의 판차야트를 지도하고, 상담하며 감시하지만, 명령은 하지 않는다.
>
> — 아가르왈, 같은 책, 85쪽 주 17번

서양의 주류 국가론은 주권재민, 즉 주권은 인민에게 있다는 논리를 펴지만, 실제로는 이것은 어쩌다 행하는 선거에 참여하는 권리 이외에 구체적인 의미는 없다. 간디의 헌법은 주권재민에 대하여 다른 구조를 부여한 것이다. 주권은 '인민'이라는 막연한 존재에게 있는 게 아니라 보다 확실한 조직, 즉 각각의 마을에 있다. 여기에서는 주권재민은 국가권력을 정당화하는 신화가 아니라 정치사회의 구조에 구체적으로 들어가 있는 원리이다. 주권은 인민의 손으로부터 벗어나 도회지에서 재현되는 게 아니라 인민 각자가 살고 있는 곳, 즉 마을에 있기 때문에 그렇게 간단히 손에서 놓아버릴 수 있는 것이 아니다. 마을이 장악하고 있는 주권은 이론상의 존재에 그치는 게 아니라 실제의 힘이기도 하다.

> 판차야트라지(판차야트 통치 — 간디에게 있어서의 이상향)가 실

현된다면 폭력이 절대로 할 수 없는 것을 여론이 한다. 대지주, 자본가, 라자(지방 영주) 등 현재의 권력은 보통사람들이 자신의 힘을 의식하지 않는 한, 권력을 계속해서 장악한다. 대중이 비협력을 행하기 시작한다면 라자나 자본가, 대지주가 무엇을 할 수 있을까. 판차야트라지에서는 사람들이 따르는 것은 판차야트뿐이다.

— 전집 95권, 136쪽

즉, 이 주권은 정적인 게 아니라 대단히 역동적인 힘으로, 사회 속의 불평등, 부정, 착취, 탄압에 대해서 끊임없이 싸우는 힘이 된다. 그리고 마을의 자립은 정치적인 것일 뿐만 아니라, 경제와 교육을 포함한 온갖 영역에서 철저하게 행해진다. 간디가 묘사하고 있는 이미지에는 메인이 묘사한 고대 인도의 마을이 반향되어 있다.

나의 마을 스와라지의 이미지는 전면적인 공화국이다. (…) 각 마을의 최초의 중대사는 먹을 것을 위한 작물과 옷감을 위한 면(綿)을 재배하는 일이다. 소를 위한 보호구역이나 어른을 위한 공원과 아이들을 위한 유희장을 설치해야 한다. 그리고 만일 토지의 여분이 있다면 거기에 쓸모 있는 환금작물을 심는다. 따라서 마(麻), 담배, 아편 등이 배제된다. 마을에는 극장도, 학교도, 공민관도 있다. 급수시설도 정비되어 있다. 급수시설은 잘 관리된 우물과 탱크로 되어 있다. 기본교육은 의무교육이 된다. 모든 활동은 가급적 협동을 통해 행해진다. 불가촉민을 포함하여 오늘날과 같은 카스트제도는 없다. 사티야그라하와 비협력이라는 테크

닉을 포함한 비폭력이 마을공동체에서의 제재 수단이 된다. 마을의 경비원은 마을 주민들의 투표에 의하여 순번을 정하여 선출되고, 그 활동은 의무적인 것이 된다.

— 전집 83권, 113쪽

간디의 이 헌법안을 현대사회의 문맥에서 보면, 그건 재미있는지는 모르겠지만 어쨌든 비현실적이며 실현 불가능한 것이라고 느끼는 사람이 대부분일 것이다. 그러나 우선 당시의 인도 상황을 냉정히 고려하지 않으면 안된다. 거의 모든 인도인들은 마을에 살고 있다. 그리고 거의 모든 사람에게는 자신의 마을이 세계의 중심이다. 그 마을 속에는 옛날부터의 전통 혹은 적어도 그 기억이 남아 있다. 즉, 간디가 묘사하고 있는 마을의 이미지는 마을사람들에게 있어서는 상상하기 어려운 게 아니었다. 오히려 유럽으로부터 수입된 근대국민국가, 거기에 수반된 합리주의, 관료주의, 나라 전체의 조직화, 경찰제도, 세금제도 그리고 근대적 군사력 등을 생각할 때, 그 방향으로 가는 쪽이 큰 비약이었을지도 모른다. 물론 영국의 식민지 제도가 인도에서 그러한 '근대화'를 어느 정도까지 진전시켰지만 그래도 아직은 미숙한 단계였다.

이와 같이 생각하면, 간디의 헌법안보다도 국민회의가 선택한 근대국가를 구성하는 헌법안 쪽이, 당시의 인도의 현실을 부정하는 것이었을지도 모른다.

슈리만 나라얀 아가르왈의

《자유인도를 위한 간디의 헌법안》 중에서

자유인도의 행정의 기본단위는 자급자족 및 자치의 마을이 된다. 그것은 인도의 예로부터의 전통에 부합하는 방식이다. 마을의 규모가 작거나 혹은 인접해 있는 경우 몇 개 마을이 하나의 행정 단위가 될 수도 있다.

판차야트

각 마을은 성인 전원의 선거로 판차야트(보통은 5명)를 선출한다. 마을이 큰 경우, 5명에서 11명까지 선출할 수도 있다. 판차야트는 만장일치로 사르판치(의장)를 선출한다. 만장일치가 안 되는 경우, 마을의 성인 전원이 판차야트 멤버 중에서 의장을 선거로 뽑는다. 판차야트의 임기는 통상 3년으로 한다. 판차야트 멤버는 3회까지 선출된다. 그러나 판차야트 멤버 중 1명은 임기 중에 마을의 신임을 잃은 경우, 마을사람들 75퍼센트의 투표로 소환된다.

마을의 판차야트만이 세금징수회계기록관, 야경, 경찰관 등의 공직자를 임명할 수 있다. 특히 소수파의 권리가 관계된 경우, 판차야트의 결정은 가급적 만장일치로 한다.

판차야트의 기능

마을은 최대의 자치권을 행사하기 때문에 판차야트의 기능은 마을의 사회적·경제적·정치적 생활 거의 모든 것을 포함하여 광범하고 종합적인 것이 된다. 그것은 다음과 같은 것이다.

1. 교육
 a. 생산적 기술을 배우는 초등학교 혹은 기초학교를 운영한다. 그렇게 하면 문화적 교육과 기술적 교육이 한꺼번에 이루어지게 된다.
 b. 도서관과 독서실을 운영한다. 도서관의 책은 교육적인 것으로서, 마을의 사회적·경제적·정치적 활동과 직접적 관계를 갖지 않으면 안된다.
 c. 어른을 위한 야간학교를 운영한다.

2. 레크리에이션
 a. 아크하다(체육관), 유희장 등을 설치한다. 인도의 전통 게임이나 스포츠를 권한다.
 b. 정기적으로 미술공예 전람회를 연다.
 c. 각 공동체의 중요한 제삿날에는 모두가 제(祭)에 참여한다.
 d. 연중행사를 조직한다.
 e. 찬가를 부르는 모임을 조직한다.
 f. 민요, 민속무, 민속극을 장려한다.

3. 치안
 a. 도둑, 떼도둑, 야생동물로부터 마을을 지키기 위해서 가디언(경비원)을 둔다.
 b. 모든 시민들은 사티야그라하 혹은 비폭력 저항과 방위에 대한 정기적 훈련을 행한다.

4. 농산업

a. 각 마을의 농업시설의 사용료를 산정한다.

b. 차지인(借地人)으로부터 사용료를 거둔다.

c. 차지(借地)의 통합이나 공동 농업을 추진, 조직화한다.

d. 관개를 위한 적절한 배치를 한다.

e. 공동 구매점을 통해서 양질의 종자와 능률적인 도구를 제공한다.

f. 필요한 식용 곡류가 가급적 마을 안에서 생산되도록 추진한다. 현재의 환금작물 제도를 그만둔다.

g. 대부금을 관찰, 필요하면 그것을 억제하고 그리고 그 이자율을 관리한다.

h. 토지 침식을 막고, 공동 노동으로 빈 땅을 개간한다.

5. 산업

a. 마을에서 소비하는 카디(손으로 만든 전통 옷감)의 생산을 조직한다.

b. 그 이외의 마을산업을 공동 산업 방식으로 조직한다.

c. 우유·유제품 제조공장을 운영한다. 물소보다 소를 권장한다.

d. 죽은 동물의 가죽을 사용하는 무두질 공장을 운영한다.

6. 무역과 상업

a. 농·공산물의 공동판매를 조직한다.

b. 소비생활협동조합을 조직한다.

c. 생산물의 잉여만을 수출하고, 마을에서 생산할 수 없는 필요품만을 수입한다.

d. 공동 저장시설을 운영한다.

e. 마을의 직인(職人)의 필요에 부응하여 저가격의 신용기관을 설치한다.

7. 위생과 의료제도

a. 적절한 하수시설을 운영함으로써 마을 위생을 지킨다.

b. 공해를 막고, 전염병의 확산을 방지한다.

c. 건강한 음료수를 위한 시설을 운영한다.

d. 마을의 병원 및 산부인과센터를 운영한다. 의료는 무료로 한다. [인도의] 전통적인 요법, 자연요법 등을 장려한다.

8. 사법

a. 편안하고 신속한 사법제도를 제공한다. 판차야트는 민법에 관해서도, 형법에 관해서도 폭넓은 권한을 갖는다.

b. 무료의 법률 부조를 제공한다.

9. 재무 및 과세

a. 특별한 목적이 있는 경우, 세금을 거두고 징수한다. 현물급부나 마을의 기획을 위해서 공동 육체노동을 추진한다.

b. 사회적 혹은 문화적 행사를 위해 개인들의 기부를 받는다.

c. 출입금 회계를 관찰한다. 회계 서류는 공적 감시나 감사를 위해 공개된다.

(중략)

마을의 사회적·경제적·정치적 활동을 조정하기 위해서 타르카

(마을복합) 및 지역 판차야트를 조직한다. 이 상위조직의 기능은 강제를 하는 게 아니라 '조언'을 하는 것이다. 하위 판차야트를 지도하고, 상담하며 감시를 하지만, 명령은 하지 않는다.

(이하 생략)

간디의 이 헌법안과 영국 맨체스터대학의 사회학자 샤닌이 '후기 맑스'의 것이라고 말한 사상을 비교하면 흥미롭다. 역사학자 와다 하루키(和田春樹)의 연구에 기초하여 샤닌은 만년의 맑스가 러시아의 나로드니키(인민주의자)의 생각에 설득되었다고 주장했다(Teodor Shanin, *Later Marx and the Russian Road*, New York: Monthly Review Press, 1983). 즉, 산업혁명이 막 시작되었던 러시아에서는 공산주의를 추구하는 러시아 혁명가가 사회 전체의 산업화라는 고통스러운 과정이 최후의 단계까지 발전하는 것을 기다리지 않고 당시 러시아에 아직 남아있던 '원시 공산주의', 즉 마을공동체를 살려 그 바탕에서부터 미래사회를 만들어가야 하는 게 아닌가 하는 생각이었다.

레닌과 기타 볼셰비키가 그들의 스승 맑스가 러시아에 관해 이러한 생각을 하고 있던 것을 알지 못한 채, 러시아에서 '맑스주의적' 혁명을 일으킨 것은 역사의 아이러니이며 비극이기도 하다. 그러나 그것은 별개의 이야기이며, 여기서는 더이상 들어가지 않는다.

제3장

일어난 일, 일어나지 않은 일

간디의 신헌법안은 평화헌법이었다

> 국가는 농축된 폭력이다. 개인에게는 영혼이 있지만 국가는 영혼이 없는 기계이다. 국가의 존재 자체가 폭력에 유래하기 때문에 폭력에서 유리되는 것은 불가능하다.
>
> — 전집 65권, 318쪽

독자는 이 문장을 읽으면서 아나르코생디칼리스트(무정부주의 영향을 받은 노동조합주의자)에 의해 쓰여진 것이 아닌가 하는 생각을 할지 모른다. 확실히 그 유사점은 '국가 불신'을 넘어서 더 깊다고 할 수 있다. 앞에서 말한 것처럼, 간디가 생각한 혁명의 사회적 구조는 맑스의 그것과 (어느 정도) 유사하지만, 간디의 이상향 쪽이 표트르 크로포트킨(러시아 무정부주의자)의 《상호부조론》에 묘사된 사회와 더 닮아 있다.

크로포트킨에게 있어서도, 간디에게도 마을조직은 인간에게 가장 자연스러운(간디라면 '진실에 부합한다'고 말했을지도 모르겠다) 조직일 것이다. 즉, 마을사람들은 가장 자연스러운 상호관계를 맺고 자신에게 가장 자연스러운 성격을 형성하고 있으며, 또한 마을도 가장 자연스러운 삶의 방식을 실천하고 그리고 평화와 질서를 지키기 위해서 그 마을을 외부로부터 지배·통치할 필요가 없다, 라고.

간디와 크로포트킨에게 있어서 이 묘사는 추상론으로 연역한 게 아니다. 그것은 구체적인 역사적 증거에 기초해 있다. 즉, 예전에 마을조직은 그와 같은 성격을 갖고 있었던 것이다.

간디는 현실주의를 모르는 인간이었다고 생각하는 사람이라면 위의 말을 천천히 읽어보면 좋을 것이다. 이 문맥에서 읽으면 충격적일지도 모르겠지만, 실은 그는 근대 주류 정치학에서의 상식 이외에 별다른 것을 말하지 않았다. 마키아벨리, 홉스, 클라우제비츠, 베버 등에 못지않게 간디는 국가의 본질을 정확하게 묘사했다. 다르게 말하자면, 평화주의에 대해 "군대 없는 국가는 비상식적이며 불가능한 게 아닌가"라고 반론하는 사람들은 과연 간디의 이 말보다 더 웅변적으로 간결히 표현할 수 있었을까.

그렇다고 해서 간디가 지향한 판차야트라지에는 "역시 군대가 있다"라는 게 아니다. 유감스럽게도 아가르왈의 책에는 일본국 헌법 제9조와 같은 명확한 말은 쓰여 있지 않다. 그러나 앞에서 말한 것처럼, 간디 자신의 생각은 확실히 나와 있다.

> 나와 같은 극단적 비폭력 신자(信者)라면 군대를 완전히 해산하기로 할 것이다.
>
> — 전집 76권, 138~139쪽

> 만일 나에게 정부가 위임된다면 나는 다른 길을 선택할 것이다. 왜냐하면 내 밑에서는 군대도 경찰도 설치되지 않을 것이기 때문에.
>
> — 전집 97권, 5쪽

그러나 간디의 이와 같은 비폭력 선언보다 중요한 것은 판차야트라지의 구조이다. 이 조직의 중앙기구에는 정당한 폭력의 권리, 즉 군사행동을 할 권리가 있는가 하는 것이다. 주목해야 할 것은 이 조직에는 마을에 대한 명령의 권리도 없다는 점이다. '지도·상담·감시'의 권한밖에 없는 기구에 군대를 지휘할 권한이 있을 수 없다. 지휘권 없는 군대는 존재하지 않는다. 명령할 권리 그리고 그 명령에 따르지 않는 자를 처벌할 권리가 군대의 본질이다. 사람을 죽이는 무기로 무장한 군단을 파병하는 경우, 그것은 '지도·상담·감시' 하기 위해서는 아닐 것이다.

전 인도 판차야트에 지휘권이 없다면, 마을사람들은 거의 모든 나라의 국민과 다르게 되고, 중앙으로부터의 명령에 복종하는 훈련도 받지 않을 것이다.

이에 따라 이 나라를 침략하려고 하는 군대가 얼마나 불리해질 것인가를 생각해보자. 보통의 전쟁에서는 국가의 사령부(군사든 정치든)가 탈취되면 대개 전쟁이 끝난다. 그리고 예전의 권력에 따르도록 훈련되어 있는 국민은 새로운 권력에도 따를 준비를 갖춘다. 하지만 그렇지 않은 경우, 즉 게릴라 전쟁이 계속될 경우가 확실히 존재한다. 그러나 판타야트라지의 나라, 즉 70만 개 독립 공화국이 있는 지역을 무슨 수로 정복할 수 있을 것인가. 각 공화국 사람들이 사티야그라하의 훈련을 받고 있다. 각 마을사람들은 "전세계에 대해서도 마을을 방위할 수 있을 만큼 자립하지 않으면 안된다. 외부로부터의 어떠한 공격에 대해서도 마을을 방위하도록 훈련을 받고, 그것을 위해서 목숨을 바친다."(전집 91권, 325쪽) 이와 같은 고슴도치를 붙잡으려고 하는 자가 또 있을까.

두 종류의 평화헌법

간디의 어휘 중에 '교전권'이라는 전문용어가 들어가 있지 않은 것은 유감이다. 만약 이 말을 사용했다면 그가 말하고 싶었던 것이 좀더 분명해졌을지도 모른다. 하지만 결과적으로 간디의 헌법안과 일본국 헌법은 상호 보완적인 관계에 있다. 앞에서 말한 것처럼, 간디는 주류의 정치학이나 정치학자와 마찬가지로 국가는 본질적으로 폭력적인 조직이며, 비폭력적인 국가는 있을 수 없다고 생각하고 있었다. 따라서 그의 해결책은 '국가'가 아닌, '국가'와는 근원적으로 다른 정치형태를 구축하자는 제안이었다.

판차야트라지는 '농축적으로 조직된' 평화이다. 간디의 안 가운데는 일본국 헌법 제9조만큼 명확하게 웅변적인 전쟁 방기의 말은 들어 있지 않다. 그의 헌법에는 전쟁이 '방기'되어 있는 게 아니라, 그가 구상한 정치형태의 구조 자체 때문에 전쟁의 가능성이 처음부터 배제되어 있다.

군사력이 없는 나라를 상상하기 어렵다면, 간디의 헌법안은 더 상상하기 어렵다. 거기에는 군사력만이 아니라 경찰의 강제력도, 강제적인 처벌도, 즉 국가의 '정당한 폭력' 그 자체가 구조적으로 배제되어 있다.

한편 일본국 헌법의 경우, 제9조는 열렬히 웅변적이지만 그 말이 결부되어 있는 국가에는 사회를 세부까지 감시·관리하는 경찰제도, 감금제도 그리고 그것을 뒷받침하는 사형이라는 처벌제도까지 있다. 즉, 정당한 폭력을 독점하고 있는 완전히 보통의 국가인 것이다.

이렇게 생각하면, 일본의 신헌법이 수립된 이래 보통의 국가와 그 국가에 의해 형성된 보통의 정치가 (다수)에게는 교전권이 못 견디게 그리웠을 것이다. 간디는 국가에는 영혼이 없다고 말했지만, 과연 그럴까. 내게는 일본 국가 자체가 군사력을 마음으로부터 절실하게 원하는 것처럼 느껴진다. 어쨌든 이 모순된 형태 속에서 일본국 헌법은 채택되어서 간신히 현재까지 기능을 하고 있지만, 간디의 안은 인도에서 채택되지 못했을 뿐만 아니라 논의의 대상도 되지 못했다.

일어나지 않은 일

간디는 자신의 헌법안이 원칙적으로 가능하다고 생각했다. 아니, '원칙적으로'만이 아니라 인도의 20세기 역사 과정에서 그것은 실현 가능하다고 믿었다. 간디 — 그 개인보다도 '간디 현상' — 는 불가능하다고 여겨지는 것을 가능하게 한 경험이 여러 차례 있었다. 이 사실을 잊어서는 안된다.

그러나 일반론이 아니라, 어떠한 정치과정에 의해 그러한 헌법이 가능해질 수 있을까라는 질문에 대해, 간디에게는 답이 있었다. 그것은 인도 국민회의의 1920년 헌법이 인도 전역에 확산되면 스와라지=판차야트라지는 그대로 가능할 것이라는 생각이었다.

만약 국민이 이 헌법(1920년 헌법)을 정직하게, 이성적으로 그

> 리고 열심히 전개한다면 (…) 그 전개 과정 그 자체가 스와라지를 내포하게 될 것이라고 생각한다.
>
> — 전집 44권, 466쪽

그렇게 되지 않았던 것은 원칙적으로 무리였기 때문이 아니라, 설득된 사람의 수가 모자랐을 뿐이라는 게 간디의 생각이었다. 결정적인 전기(轉機)는 영국 식민정부의 의회정치에 대한 보이콧을 중단한 것이었다고 간디는 말한다.

헌법제정위원회가 열리게 되었을 때, 국민회의 회원들 중 많은 사람들이 그 위원회의 위원이 되고자 간디에게 추천장을 써 달라는 편지를 보내왔다. 간디는 평상시의 그답지 않게 짜증을 냈다.

> 이러한 편지를 보내온 사람들에게는 내가 이 위원 선정 문제에 전혀 흥미가 없고, 그 선정 회의에 참가하지도 않으며, 누가 선정되었는지는 신문에서 읽고 처음 알게 되는 경우가 많다는 것을 알려주고 싶다.
>
> (…) 이 헌법제정위원회는 [국민회의] 의회활동의 당연한 결과라는 것은 잘 알고 있다. 다스(Deshbanedhu Chittaranjan Das)와 네루(Pandit Motilal Nehru : 자와할랄 네루의 부친)는 인도 독립운동에서 의회활동의 역할이 있다고 나를 설득하려고 했다. 나는 일관되게 그것에 반대했다. 그것이 순수 비협력과 모순되는 것은 확실하다. 그러나 순수 비협력은 주류가 되지 못했다. 한 시기 동안에는 실천됐지만 소멸되고 말았다. 국민회의 회원 사이에 만일 비폭력적 비협력이 전반적인 것이 된다면 의회활동은 없어도 된다. (…)

> [폭력적인] 해외 정부와의 비폭력적인 비협력은 필연적으로 비폭력에 기초한 국내 정부를 의미한다. 그러나 그것은 일어나지 않았다. 그 상황에 국민이 익숙해져서 완전히 젖을 뗄 수 없게 된 것에 대해서는 싸워도 소용이 없었을 것이다. 의회활동을 선택한 이상, 그것을 보이콧하는 것은 타당하지 않을 것이다.
>
> — 전집 91권, 304~305쪽

이 말에는 간디의 괴로운 딜레마가 보인다. 그의 동지이며 제자이기도 한 사람들은 다른 길을 택했다. 그 길을 가면 영국으로부터의 인도 독립은 실현될 수 있다. 간디는 그들의 발목을 잡지는 않는다. 하지만 기뻐할 수도 없다.

1946년, 〈하리잔〉이라는 신문과 인터뷰를 했을 때, 다음과 같은 대화가 있었다.

> **하리잔** 제안된 헌법제정위원회에서 당신의 구상을 실현할 가능성이 있다고 생각하시는지요.
>
> **간디** 헌법제정위원회에는 나의 구상을 실현할 가능성이 충분히 있습니다. 그러나 나는 별로 희망을 갖고 있지 않습니다. (…) 국민회의 회원조차도 독립의 내용에 대해서 생각이 일치하지 않습니다. 비폭력이나 물레를 진심으로 믿는 사람이 얼마나 있는지 모르겠고, 지방분권화나 마을을 중심으로 생각하는 사람도 얼마나 있는지 모르겠습니다. 오히려 인도를 일류 군사국가로 만들고 강력한 중앙정부를 만들어 그 기초 위에 나머지 구조를 만들고자 하는 사람이 많다는 것을 알고 있습니다.
>
> — 전집 85권, 327쪽

그렇게 생각하고 있었음에도 불구하고 간디는 헌법제정위원회를 지지했다. 영국 측에서 보면 간디는 가장 중요한 인도 측 교섭 상대였다. 예를 들어, 영국정부의 생각으로는 헌법제정위원회가 만든 헌법안은 영국정부가 비준함으로써 비로소 인도 헌법이 되는 것이었지만, 반면에 간디를 비롯한 인도의 지도자들은 제정위원회가 헌법안을 가결한 단계에 그것은 그대로 인도의 헌법이 되는 것이라고 생각했다.

즉, 헌법제정위원회가 형성된 단계부터 주권을 장악한다는 것이었다. 그 단계까지는 제정위원회를 단연코 지지했지만, 그 위원회가 결국 군사력을 가진 보통의 나라를 창립한다는 것을 알았을 때 간디에게는 위원이 되는 것에 대한 흥미가 없어진 것이다.

일어난 것

일어날 가능성이 있었지만 결국 일어나지 않았던 것에 대해서는 이 정도로 끝내고, 지금부터는 실제로 일어난 것에 대해서 이야기를 해보자. 무엇이 일어났는가 하면, 국민회의도 이슬람연맹도 근대국가를 선택한 것이다.

간디의 이상과 국민회의가 실제로 만든 조직 사이의 모순에 대해서 가급적 생각하지 않으려 했던 국민회의 의원들도 있었을지도 모른다. 그러나 네루는 달랐다. 네루와 간디는 상호 이해를 구하고 꽤 빈번히 대화를 나누었다. 1945년 10월, 간디는 서로의 의견 차이를 확실하게 하기 위해서 네루에게 편지를 쳤다.

우선 내가 쓰고 싶은 것은 우리 사이의 생각의 차이입니다. 만일 그 차이가 근본적인 것이라면 대중에게 그것을 인식시켜야 한다고 생각합니다. (…) 나는 《힌두 스와라지》에서 묘사한 정치제도를 지금도 지지하고 있습니다. 이것은 단순한 말이 아닙니다. 그 소책자를 쓴 1908년 이래의 모든 경험은 그 신념을 확인시켜 주었습니다.

(…) 인도가 그리고 인도를 통해 세계가 참된 해방을 획득하려고 한다면, 사람들은 도시가 아닌 마을, 성(城)이 아닌 오두막에 살지 않으면 안된다는 사실을 인정해야 한다고 생각합니다. 수천만의 사람들이 도시나 호화로운 집에 살면서 평화적인 공동생활을 할 수는 없습니다. 그 경우 거짓과 폭력밖에 나오지 않을 것입니다.

— Jawaharlal Nehru, *A Bunch of Old Letters*, London: Asia Publishing House, 1958, p. 505

간디의 판차야트라지 헌법안이 진지한 것이 아니었다거나 혹은 간디는 그것을 실현 불가능한 것이라고 생각했다, 라고 생각하는 사람이 있다면 위의 문장을 읽어보면 좋겠다.

이에 대해서 네루도 역시 진지한 답을 보냈다. 그리고 그는 간디에게 찬동하지는 않았다.

어째서 마을이 진실이나 비폭력을 필연적으로 체현하지 않으면 안되는지 제게는 이해가 되지 않습니다. 보통 마을은 교육적으로도 문화적으로도 뒤떨어져 있습니다. 그리고 뒤떨어진 환경에서는 아무런 진보도 나올 수 없습니다. 시야가 좁은 사람들은 부정직하고 폭력적이기 쉽습니다.

(…) 거기에서부터 의식주, 교육, 위생 등 여러 목적을 결정하지 않으면 안됩니다. (…) 또한 근대적 교통기관이나 그 밖의 많은 근대적 기관을 발전시키지 않으면 안될 것입니다. 그것을 획득하는 것 이외에 길은 없습니다. 그렇다면 어느 정도의 중공업은 필연적입니다.

— 같은 책, 505쪽

간디의 마을 중심 정부 안은 진지한 것이 아니라고 네루는 말하지 않는다. 다만 그는 설득되지 않았을 뿐이다. 네루는 근대주의자로서, 대기업이나 미국의 뉴딜정책 혹은 소련과 같이 강력한 중앙정부를 신봉하는 사람이었다. 그의 말에 따르면, 인도의 갖가지 정치적·경제적·사회적 문제를 해결할 수 있는 것은 강력한, 선의를 가진 중앙정부뿐이다. 특히 그러한 정부가 없으면 불가촉천민 문제를 해결할 수 없다(반대로, 간디는 차별문제는 정부의 강제력에 의한 해결책으로는 해결이라고 평가할 수 없다고 생각했다).

네루의 간디에 대한 답변에는 신경이 곤두선 듯한 울림이 있다. 당시의 맥락에서 간디의 안은 구제할 수 없을 만큼 시대와의 간극이 있고 비현실적인 것으로 보였을 것이다. 인도 국민회의가 세계 제2위 대국의 정부기관을 막 손에 넣기 직전에 간디는 그 기관을 해체해야 한다고 말하고 있는 것이다. 터무니 없는 말이라고 네루는 생각했다.

> 저 옛날에 쓴 것을 아직도 그대로 머릿속에 갖고 계시다는 말을 들었을 때 저는 경악했습니다. 아시는 바와 같이 인도 국민회의는 그 안을 승인하기는커녕 한 번도 안건으로 올려본 적도 없습니다.
>
> — 같은 책, 509쪽

식민지 권력이 무리를 무릅쓰고 어떤 지역을 통일하여 근대국가의 구조를 위로부터 밀어붙일 때에 흔히 쓰는 방법은 분열책이나 인종청소이다.

간디는 기세가 꺾였다. 국민회의가 인도와 파키스탄의 분열을 인정한 이후, 그는 강박관념처럼 자신의 죽음에 대해 말하기 시작했다.

> 내가 무슨 죄를 지었기에 신(神)은 이처럼 비참한 모습을 보도록 나를 살려놓고 있는 것일까요.
>
> — 전집 97권, 475쪽

> 지금까지는 나는 조금이라도 나라를 위해 일하고 싶어서 125세까지 살아남도록 신에게 빌었습니다. 그리고 신의 왕국, 즉 라마라쟈[=판차야트라지]가 이 나라에서 우세를 점하지 않는 한, 나는 안심하고 죽을 수 없었습니다. 그렇게 돼야 비로소 인도는 독립했다고 말할 수 있을 것입니다. 그러나 지금은 그것이 단지 꿈에 지나지 않게 됐습니다. (…) 이러한 상황에서 나 같은 사람

은 어떻게 해야 합니까. 이 상황이 개선되지 않는다면 내 마음은 절규를 하고, 신에게 빨리 데리고 가 달라고 기도할 수밖에 없습니다. 나는 어째서 이와 같은 것을 관찰하는 자로서 오래 살아야 합니까.

— 전집 97권, 36~37쪽

위의 말에서 알 수 있듯이, 간디가 절망한 이유는 하나만이 아니었다. 서로 죽이는 것에 대한 두려움과는 별도로, 그의 비폭력 국가의 꿈이 결정적으로 좌절되고 있었기 때문이다. 힌두교와 이슬람교의 대립으로 인도사회는 급속히 홉스적인 '자연상태'로 가고 있었다. 그리고 그러한 상태가 되면 국가에 의한 진압 이외에 해결책이 없다는 홉스의 논리가 가진 설득력이 점점 높아진다.

물론 엄밀히 말하면, 종교 간의 폭력은 문자 그대로의 '만인의 만인에 대한 전쟁'과는 다르지만, 사태는 순수한 혼돈에 가까운 것이었기 때문에 그에 비하면 군과 경찰의 '정당한' 폭력 쪽이 '평화'로 여겨질 것은 확실하다. 그리고 실제로 인도 신국가는 그대로 반응을 하여 군과 경찰을 파견, 폭력을 더욱 강한 폭력으로 저지하려고 했다. 마침내 네루는 비하르주(州)를 공습하겠다고 위협하기 시작했다. 이와 같은 폭력에 물든 엄중한 현실을 앞에 놓고 간디의 비폭력 국가라는 꿈은 바람에 흩날리는 한 줌 깃털과 같이 되었다.

이 맥락에서 볼 때, 간디의 다음 행동은 극히 진기한 정치활동이었다. 그 폭력이라는 '사실'이 폭력국가를 정당화하는 강렬한 근거가 된다면, 간디는 이 '사실' 자체를 바꾸기 위해서 혼자만의 캠페인을 시작했다. 그는 노아카주에서 마을에서 마을로 걷고, 캘커타에서 가장 폭동이 심한 지구(地區)에서 숙박을 하고, 델리에서도 폭동이 일어난 지구에서 다른 폭동이 일어난 지구로 걸으며 스스로의 생명에 대한 위험에 전혀 관심을 갖지 않고 오로지 서로 죽이는 일을 멈추도록 사람들을 설득하려고 했다.

그 사이에 실패도 있었고, 성공도 있었다. (그런데 "간디의 비폭력은 영국에 대해서는 효과가 있었는지 몰라도 이슬람교 세력에 대해서는 효과가 없었을 것이다"라는 의구심을 가진 사람이라면 그의 이 최후의 운동을 잘 보아야 한다. 비하르에서도, 캘커타에서도, 델리에서도 간디는 힌두교 세력에게도, 이슬람교 세력에게도 폭력을 그만두도록 호소했고, 마찬가지로 성공했다. 캘커타에서 그는 이슬람교 지도자, 수라와르디(H. S. Suhrawardy, 전 벵골주 총리)와 함께 폭력이 가장 격심한 지구로 들어가서 폭동이 수습될 때까지 단식을 했다.)

캘커타에서 '기적적인' 성공을 했을 때, 마운트바틴 총독이 감사의 편지를 보내왔다.

> 펀자브 지구에서 우리는 5만 5,000명의 군대를 파병했지만 대규모 폭동이 계속되었습니다. 벵골에서는 우리 세력은 한 사람뿐이었지만 폭동이 없었습니다. 현역 장교로서 그리고 행정관으로서, 이 한 사람만의 국경 경비대에 감사하는 바입니다.
>
> — Pyarelal, *Mahatma Gandhi: The Last Phase*, vol. 10, Part II, Ahmedabad: Navajivan Publishing House, 1958, p. 382

그러나 역시 총독은 이해하지 못했다. 간디는 '국경 경비대' 역할을 한 것도 아니고, 군대가 할 일을 보충할 의도도 없었다. 그는 무력으로 폭동을 진압하는 것과는 전혀 다른 종류의 평화를 확립하려고 한 것이다. 간디 최후의 '목숨을 건 단식'은 델리에서 행해졌는데, 그것이 끝났을 때 폭동의 리더들은 폭동을 그만둔다는 선언문에 서명을 했다. 그 선언문에는 간디의 요구에 의해 다음과 같은 말이 들어갔다.

> 이 선언문에 쓴 것은 경찰이나 군대 그 밖의 원조에 의해서가 아니라 우리들의 개인적인 노력으로 실현할 것을 확인합니다.
>
> — Robert Payne, *The Life and Death of Mahatma Gandhi*, New York: Dutton, 1969, p. 565

간디는 마을에서 마을로 걸으면서 홉스적인 세계관에 반론하려고 하였던 것인데, 그것은 말로 반론하는 게 아니라 그 세계관과 모순되는 사실을, 즉 폭력국가에 의존하지 않는 평화를 만들려고 한 것이었다. 물론 이것도 전복적인 활동이다. 왜냐하면 이와 같은 평화를 실제로 만들면 폭력국가는 불필요해지기 때문이다. 실제로 간디는 그와 같이 이해했다. 그의 캠페인에는 그 폭동으로부터 생겨난, 국가의 군사적 제압의 '필연성'을 중지시키려는 목적도 있었다.

그는 캘커타에서 다음과 같이 말했다.

> 군대가 행진을 하는 게 어떻게 아름답게 보일 것인가. 나는 군

사력에 반대합니다. 왜냐하면 그것은 결국 사람을 죽이는 것이기 때문입니다. 군사력을 없애는 방법은 하나밖에 없습니다. 그것은 이것입니다.

— Manubehn Gandhi, *The Miracle of Calcutta*, Ahmedabad: Navajivan Publishing House, 1951, p. 50

결국 간디는 인도 전역에 평화를 창설할 수 없었다. 그것은 국민회의의 지지도 없는 상태에서 불가능했을 것이다. 그러나 성공한 지역도 있었던 이상, 그것이 원칙적으로는 가능하다는 것을 실증했다. 또한번 그는 불가능한 것을 가능한 것으로 변화시켰다. 즉, 극단적인 분노에 찬 폭력상황 중에서 비홉스적인 평화, 즉 래디컬한 평화를 만든 것이다. 동시에, 그는 마을에서 마을로 그의 판차야트라지 헌법의 본질을 창립하고 있었다. 그 도중에 그는 암살된 것이다.

간디의 최후의 헌법안

1948년 1월 30일 아침, 간디는 인도 국민회의 서기장에게 작성을 막 끝낸 국민회의 신헌법안을 보냈다. 피로했음에도 그것을 완성하기 위해서 전날 밤까지 일을 했다. 30일 아침 조수는 그날 저녁에 간디가 먹을 약을 준비하기 시작했는데, 간디는 그녀를 말렸다.

"오늘 밤까지 무슨 일이 일어날지, 그때까지 내가 살아있을지 어떨지 알고 있는 사람이 있을까요. 오늘 저녁에도 내가 만일 살아있다면 그때 간단히 준비해도 될 것입니다."(Pyarelal,

같은 책, 767쪽) 다음에 무슨 일이 일어났던가. 우리가 알고 있는 사건이 일어났다.

국민회의에 전달된 신헌법안은 바로 폭탄문서였다. 혹은, 만일 간디에게 총탄을 겨누었던 나두람 고드세가 그 폭탄의 신관(信管)을 빼놓지 않았더라면 그렇게 되었을 것이다. 국가와 일체화된 국민회의가 변하리라고 보지 않았던 간디는, 국민회의가 국가로부터 완전히 이탈하여 마을로 돌아갈 것을 제안한 것이다.

> 인도 국민회의가 고안한 용법으로 말을 하자면, 인도는 분열은 했지만 독립을 쟁취했다. 따라서 현재의 형태, 즉 선전기관과 의회정치의 엔진으로서의 국민회의는 장생을 했지만 그 유용성을 잃고 있다. 인도의 도시들과 달리 그 70만 개 마을이 아직 사회적·정신적·경제적인 독립을 쟁취하지는 않았다. 인도가 민주주의 목표를 향해 진보하고 있는 과정에서 문민세력이 군(軍)세력을 능가하기 위한 투쟁을 피할 수 없을 것이다. [인도 국민회의가] 정당이나 [민족이나 종교를 달리하는] 공동체와의 불건전한 경쟁에 관여해서는 안된다. 그런 이유들로 해서 전 인도 국민회의의 위원들은 현재 존재하고 있는 인도 국민회의를 해산하고, 다음의 회칙에 의거하여 국민 서비스 조직이 될 것을 결정한다.
>
> — 전집 98권, 333쪽

그 뒤에 이어지고 있는 것은 간디가 예전부터 줄곧 말해온 신헌법안 조항이었다. 즉, 마을을 기본으로 5명으로 구성된 마을회의, 즉 판차야트를 뽑고, 각 판차야트는 다음 수준의 조직을 선출한다 등등, 예의 조직에 대한 묘사였다. 판차야트라지가 국가 대신에 창립될 수 없다면, 그것을 국가의 내부에 세우자고 간디는 생각한 것 같다.

이것을 제안한 사람은 가두연설가나 삐라를 살포하는 이상한 자가 아니라, 대영제국을 흔들고 독립을 쟁취한 인도의 국부(國父)인 간디였다. 그 핵심은 그냥 장난삼아 하는 이야기가 아니라 극히 진지한 것이었다. 그런 것을 생각하면 그 내용은 경악할 만한 것이었다.

만일 국민회의가 그대로 했더라면 어떻게 됐을까를 생각해보자. 인도의 정치가계급 대부분을 구성하는 국민회의가 정부에서 물러나와 마을로 돌아갔다면 막강한 권력이 위로부터 밑으로 이동하게 되었을 것이다.

이것은 지금까지 없었던 형태의 혁명, 즉 사회 저변에 있는 사람들이 궐기하여 정부를 장악하는 게 아니라 정부를 막 장악한 사람들이 그것을 버리고 사회 저변에 있는 사람들과 함께 한다는 혁명이다. 물론 이 제안에는 위험성이 없지는 않다. 예를 들어, 국민회의 사람들이 정부 건물을 비운 뒤, 누가 대신 들어갈 것인가. 그것은 범죄조직이나 군사령부가 될지 모른다. 간디의 안은 정부를 어떻게 할 것인가에 대해서는 말하지 않는다. 그는 '영혼이 없는 국가'에는 누가 들어가도 기본적으로 변함이 없다고 생각했던 것일까.

그러나 이 간디의 제안은 '경악할 만한' 것이었을지언정 결코 새로운 것이 아니라 1921년에 세운 계획의 재현이었다. 구체적으로는 1920년 말, 간디는 국민회의에 신헌법을 제안했고, 1921년부터 국민회의는 마을의 회원 모집, 조직화, 의식화, 경제 자립 등에 전력을 기울여 점차적으로 밑으로부터의 조직 방향이 마을사람들의 생활의 중심이 되어 정부의 권위는 엷어지고 최후에는 영국의 인도정부가 두 손을 들어 무력해지게 만드는 전략을 세웠다.

간디는 이번에도 국민회의에 신헌법을 제안하여, 마을로 돌아가는 운동을 호소하기 시작한 것이다. 즉, 간디는 1921년에 시도된, 영국 식민지정부를 전복하기 위한 밑으로부터의 운동을 1947년, 독립 후의 인도정부에 대해서 부활시키려 시도한 것이다.

이 안(案)에 매력을 느낀 국민회의 회원이 얼마나 됐을까. 그러나 그 문제는 즉시 무의미해져버렸다. 이 신헌법안이 국민회의 사무국장에게 전달되고 나서 몇 시간 후에 그 작성자는 죽고 말았다.

창립과 희생

희생 : 신[영적 존재]에 바쳐지는(경우에 따라 불태워지는) 제물

간디의 암살에는 뭔가 수상쩍은 게 있다고 많은 사람들이 말한다. 예를 들어 암살 10일 전, 간디의 예배소에서 폭탄을 지니고 있던 공모자가 체포되어 음모의 내용을 자백했음에도 불구하고 경찰의 움직임은 둔했고, 다른 음모자를 탐색하지 않았

다. 하기는 1월 30일의 예배에 권총을 지닌 암살자가 들어오는 것을 저지하지 못했다는 점도 묘하다. 경찰의 무기력함을 연구한 로버트 페인은 "상층부에서는 이 암살은 최후까지 시도되어야 하며, 그것을 색출하는 것은 자신의 의무가 아닌 것처럼 행동한 사람이 있었다"고 결론을 내리고, '묵인암살'이라는 신조어를 제기했다(Payne, 같은 책, 630쪽).

상층부만이 아니라 간디의 죽음은 힌두사회 중산계급의 잠재의식에서의 원망(願望)이었다는 설도 있다(Ashis Nandy, "Final Encounter: The Politics of the Assassination of Gandhi", in Nandy, *Exiled at Home*, Delhi: Oxford University Press, 1988, pp. 70~98). 암살이 일어나기 꽤 전부터 간디의 죽음은 공적인 테마가 되어 있었다. "간디에게 죽음을!"이라고 외치는 사람도 있었고, 또 그가 단식하고 있을 때 "죽어라!" 하고 외친 사람도 있었다. 돌이나 벽돌을 던지는 사람도 있었다.

그러나 '간디의 죽음'에 가장 열렬히 사로잡힌 사람은 간디 자신이었다. 그는 그 테마에 되풀이하여 매달렸다. 우울한 기분일 때도 있고("내가 무슨 죄를 지었기에 신은 이와 같은 비참함을 보도록 나를 살려놓고 있을까"), 수수께끼 같은 소리를 할 때도 있고("내가 죽는 쪽이 인류를 위한 것일지도 모른다"), 혹은 자신을 신격화하기도 하며("만일 누가 나를 쏘고, 그리고 나는 숨쉴 틈도 없이 라마의 이름을 입에 올리며 그 탄환을 벌거벗은 가슴으로 받아들인다면 그때 비로소 나를 [참된 마하트마로] 불러다오"), 여러가지 각도에서 죽음을 생각하고 있었다.

그리고 인도의 새로운 국가 창립에 직접 관여하고 있던 사람들의 상황을 생각해보자. 간디는 정부에서 직위는 갖고 있지 않았지만 그들은 끊임없이 간디와 상담하거나 조언을 구하거나 간디가 있는 곳에서 사실상의 내각회의를 열곤 했다. 동시에 간디는 그들에게 가장 큰 장애물인 때도 있었다. 실로 여러 차례에 걸쳐 간디는 국가권력의 논리와 상용할 수 없는 제안 혹은 요구를 했다.

인도정부를 전부 무슬림연맹에 넘겨주어야 한다,

폭동이 격렬한 지역에서 군과 경찰을 전부 철퇴해야 한다,

나라의 기금 중 파키스탄 몫을 내줘야 한다(전쟁이 시작됐음에도 불구하고 '죽음을 무릅쓴 단식'을 불사하며 간디는 이 최후의 요구를 들어주도록 정부에 압력을 넣었다) 등등.

제자들은 '죽음'이라는 말을 절대로 입에 올리지는 않았을 것이지만, 그러나 간디가 그냥 조용히 사라져버리면 어떨까 하는 희망은 그들의 의식 어딘가에 있었을 것이다.

아시스 난디에 의하면, 힌두 중산계급은 "의식적인 것은 아니라 해도 그들의 원시적인 자아가 간디의 피를 요구하고 있었다"(Nandy, 같은 책, 91쪽). 이 말에는 어딘가 마음을 울리는 게 있다. 국가 창립의 순간에 피, 특히 육친의 피를 요구하는 경우가 허다하다고 많은 정치사상가들이 지적해왔다. 프로이트에 의하면 부친살해(자식들은 아버지인 국왕을 죽인다)를, 한나 아렌트에 의하면 형제살해(카인은 아벨을 죽이고, 로물루스는 레무스를 죽였다)를, 마키아벨리에 의하면….

여기서 마키아벨리를 조금 보자. 과연 마키아벨리는 이 이야기를 어떻게 읽을까. 로마공화국은 반란자 브루투스(시저를 암살한 인물과는 다른 인물)에 의해 창립되었다. 그에 대한 마키아벨리의 이해방식 중에 힌트가 들어 있다. 브루투스는 국왕과 그 가족을 로마로부터 추방한 후에, 자신의 아들들한테 사형판결을 내리고 그 집행을 관철하였다. 리비우스에 의하면, 브루투스의 얼굴에는 아버지로서의 고통과 국가원수로서의 격렬한 결심이 드러났다. 마키아벨리는 브루투스의 엄혹함은 "유효할 뿐만 아니라 필요한" 것이라고 평가했다.

> 고대사를 배우는 사람이라면 알고 있듯이, 정체(政體)의 전환, 그것이 공화제로부터 폭정으로의 전환이든, 폭정으로부터 공화제로의 전환이든, 그 신체제에 적의를 가진 자에 대해서는 무서운 형벌이 필요하다. 따라서 폭정을 수립하고서 브루투스를 죽이지 않는 자, 또 공화제를 수립하고서 브루투스의 아들들을 죽이지 않는 자는 권력의 자리에 오래 있지 못할 것이다.
>
> —《정략론》 제3권, 3장

이것은 새로운 정체의 창립에는 절대적으로 필요하다고 마키아벨리가 믿었던, 원시적인 희생이다. 국가로부터 적(현존하는 적과 가상의 적 모두)을 모두 추방하는 것은 목적의 일부이지만 전부는 아니다. 더 깊은 수준에서 이 희생은, 국가란 무엇인가를 국민의 의식 속에 심어준다는 목적도 있다. 즉, 국가는 단지 폭력을 사용하는 조직이 아니다. 국가의 폭력은 '주권'이라는 신비적인 옷을 두르고 있기 때문에 국가의 행위는 통상적인 인간의 판단 영역 밖에 위치한다. 따라서 보통사람들에게 금지돼 있는 것이 국가라면 행하여도 좋은 것이 된다.

국가는 우정, 애정, 피와 같은 '인연'에 의한 방해를 허용하지 않는다. 국가의 이름 밑에서 행동할 때 사람은 자신의 친구, 아버지, 형제, 아들, 딸을 파괴할 각오가 필요하다. 마키아벨리에 의하면, 이것을 말로 설명하는 것만으로는 부족하다. 피를 흘리는 의식(儀式)에서 그것을 실제로 연기하지 않으면 안되는 것이다. 그리고 이 의식을 위해서는 피해자가 가까운 사이면 그만큼 더 유효하다.

물론 간디를 암살한 나두람 고드세는 국가의 대행자도 아무것도 아니다. 그는 법제도의 바깥에서 행동한 살인범으로, 그 범죄 때문에 기소되고, 재판에 회부되고, 사형판결을 받은 자이다. 따라서 위의 가설을 그의 경우에 적용하려고 한다면 두 개의 조건이 필요하다. 즉,

①고드세 자신이 국가를 위해 행동했다고 생각하고 있을 것,

②국가의 대행자들 중에 간디의 존재에 피로를 느끼고, 고드세를 저지하는 데 발이 움직이지 않았던 사람이 있었다는 조건이다.

첫번째 조건. 고드세의 말은 명확했다. 모든 암살자와 마찬가지로 그는 난폭한 광신자로 묘사되고 있지만, 본인이 남긴 변명을 읽어보면 그는 웅변적이고, 머리가 좋고, 용기 있는 애국자로 나타난다. 본인의 말을 진지하게 받아들여야 할 것이다.

재판소에서 그가 영어로 한 변명에는 다음과 같은 말이 있다.

> 간결히 말하면, 만일 내가 간디 선생을 죽이면 나 자신은 완전히 파괴될 수밖에 없음을 스스로 예측했습니다. 국민으로부터 증오의 대상이 되고, 목숨보다 중요한 명예를 잃게 될 것입니다. 그러나 그와 동시에 간디 선생이 없어진다면, 인도의 정치는 보복능력을 가진, 군사력이 강하고 합리적인 국가로 나아갈 것이라고 생각했습니다. 나의 미래는 파괴되지만 나라는 구제된다고 생각했습니다.
>
> — Nathuram Godse, *May It Please Your Honour*, Delhi : Surya Bharti Prakashan, 1987, pp. 154~155

게다가 암살 이후의 인도 정치는 자신이 기대한 대로 되었고 자신은 "완전히 만족한다"고 말하기도 했다.

> 인도의 현재 정부는 합리적인 정치의 길을 선택했습니다. 나라에는 근대적인 무기나 설비를 갖춘 군대가 필요하다고 내무장관 [사르다르 파테르]이 발언했습니다. 그렇게 하면 그것은 간디 선생의 이념에 부합한다고도 말했습니다. 만족하느냐고 한다면 그렇다고 말해도 좋습니다.
>
> — 같은 책, 155~156쪽

간디를 암살한 날, 고드세는 우선 두 손을 모으고 고개를 숙여 인사를 하면서 권총을 두번 쏘았다. 그리고 권총을 머리 위로 치켜들며 "경찰관!"이라고 외쳤다.

간디가 사라지자 정부는 아무런 걱정 없이 군비를 갖추었고, 현실정치적인 정책을 택할 수 있었다. 그러한 행위는 "간디 선생의 이념에 부합한다"고 그 정부의 대표가 말하고 있는 것에 대해서 고드세는 놀라지 않는다. 그의 관점에서 보면 암살은 대성공이었다고 인정하지 않으면 안될 것이다.

두 번째 조건. 결정적인 증거는 없지만 앞에서 말했듯이 정황증거가 꽤 있다. 국가의 요구와 사랑하는 간디의 요구라는 이중 구속의 괴로움을 생각하면, 간디가 죽었을 때 정부 지도자들이 품은 복잡한 기분 속에는 해방감도 있었음이 틀림없다. 이번에야말로 실행하려고 생각한 일에 집중할 수 있다. 즉 강한 국가를 만들어 국내외의 적에 군대를 파병하고, 판차야트를 '지방자치체'로 삼으며 그리고 "이것은 모두 간디의 가르침대로다"라고 하면서 그의 기념 동상을 도처에 세운다. 이러한 것은 전부 저 성가신 할아버지의 방해 없이 가능해지게 되었다.

브루투스의 이야기에는 정치에 관한 보편적인 법칙이 있다고 마키아벨리는 생각했다. 즉, 폭정을 창립하려고 생각하면 브루투스를 죽이지 않으면 안되고, 공화제를 창립하려고 하면 그의 아들들을 죽이지 않으면 안된다는 법칙. 만일 마키아벨리가 이 인도의 20세기 중엽의 정치를 볼 수 있었다면 더욱 보편적이고 근원적인 법칙을 읽어낼 수 있지 않았을까. 즉, 폭력국가를 창립하려고 생각하면 간디를 죽이지 않으면 안된다는 법칙 말이다.

그런데 여기서 '폭력국가'라는 말은 폭정, 군국주의, 독재 등의 의미는 아니다. '폭력국가'는 베버가 내린 국가의 정의에 부합하는 '정당한 폭력을 독점하는' 전혀 보통의 국가이다. 고드세는 뭔가 극단적으로 원리주의적인 국가를 노린 것은 아니다. 간디가 사라짐으로써 나타난 평범한 인도 국가로 충분히 만족했고, 자신의 행동으로 그 국가가 가능해졌다고 믿었다. 그러므로 그는 적어도 위에서 말한 정치법칙을 믿었고, 그에 따라 행동했다고 말할 수 있다.

인도정부는 간디의 장례식을 군부에 맡겼다. 군부는 대대적으로 장례를 거행했다. 페인이 쓴 전기(傳記)의 마지막 장(章)에 그것이 묘사되어 있다. 간디의 시신(屍身)은 거대한 군용차 위에 안치되어 200명의 육해공군에 의해 이끌려졌다. 그 앞과 뒤에 육군 4,000명, 공군 1,000명, 경찰 1,000명 그리고 해군 100명이 행진했다. 거기에 총독의 호위대에서 파견된 기병대도 있었다. 전투기가 장미꽃을 떨어뜨리며 공중을 날았다. 페인은 "정부가 장례식 준비를 국방부에 의뢰한 것에 대해 의문을 갖는 사람들이 많았다"고 썼다(Payne, 같은 책, 597쪽). 그러나 나두람 고드세의 입장에서 보면, 이 장례식은 그의 최고의 꿈을 뛰어넘는 것이었을 것이다. 페인에 의하면 행진은 마치 개선(凱旋) 행진과 같았다. 왜 안 그랬겠는가….

보론

래디컬 데모크라시와 시민사회

— 간디의 유산을 어떻게 계승할 것인가

간디의 유산

간디의 저항사상을 현대세계에 살리는 일이 가능할까.

물론 그가 죽은 지 60년 동안 상황은 많이 변했다. 특히 간디가 구상한 새 인도의 전제였던, 옛 전통이 아직 살아있는 마을은 어느 나라에서든 축소되었다. 산업자본주의가 발달하여 화폐경제, 임금노동, 소비문화, 자유시장 등이 세계 구석구석까지 침투해왔다. 19세기 러시아의 민중주의자나 후기 맑스가 생각했던 것과 같이, 러시아 농촌에 남아 있던 원시공산제도에 공산주의사상을 불어넣어 근대적인 제도로 진화시킨다는 구상, 또는 간디가 생각했던 것과 같이, 인도의 마을에 남아 있는 전통적인 자립의 정신과 능력에 근대의 반식민주의와 스와라지와 주권재민 사상을 추가하여 탈식민주의 상태에 부합하는 이상사회로 진화시킨다는 구상이, 역사의 변천 중에서 실현 가능한 조건이 갖추어져 있었던 시기는 짧았다. 즉, 근대적 사상은 발달하고 있으면서도 전통사회가 심하게 파괴되지 않고 남아 있었던 시기 말이다. 나로드니키가 활약했던 러시아, 간디가 활약했던 인도는 바로 그러한 시기였다고 할 수 있다. 21세기에 들어선 현재, 그와 같은 조건이 갖추어진 지역은 찾아봐도 그렇게 간단히 발견되지 않을 것이다.

그러나 간디의 구상에 부합하는 운동은 현재의 사회 속에서는 어렵다고 하더라도, 참고할 만한 면은 많다. 이반 일리치는 20세기 후반, 간디의 구상과 다르면서도 비슷한 제안을 한 적이 있다.

> 인류의 3분의 2는 산업시대를 거치지 않고 살아가는 게 아직 가능하다. 즉 과도 산업사회의 혼돈을 피하기 위해 선택하지 않으면 안되는 생산수단의 탈산업적 균형을 그들은 지금 당장(즉, 산업혁명에 의한 파괴가 그만큼 진행되지 않은 동안에) 선택할 수 있다.
>
> ―《공생공락을 위한 도구》(1973)

이것은 산업혁명의 고통을 통과하지 않고, 별도의 경로로 근대사회를 만들 수 있다는 간디 사상의 측면을 살리려는 제안이다. "산업혁명 이전의 전통적인 마을을 부활한다"는 게 아니라, 산업혁명으로 건설된 사회가 막다른 골목으로 빠져버린 뒤의 '탈산업적 균형'을 취하는 것이 겨냥되어 있다. 이런 구상을 실현하는 것이라면 아직 그런 지역이 있을지도 모른다.

간디의 시대와 또하나 상황이 달라진 것은 당시 식민지였던 나라들 대부분(전부는 아니지만)이 독립하여 주권국가가 되었다는 점이다. 하지만 그렇다고 해서 지방자치체에 주권을 부여하려고 한 간디의 구상이 시대에 뒤처진 것이라고 말할 수는 없다. 대영제국과 같은 형태의 식민지 제도는 (거의) 사라졌지만, 다른 형태의 식민주의는 없어지지 않았기 때문이다. 간디의 슬로건은 독립만이 아니라 스와라지, 즉 자립이기도 하였다. 이 스와라지는 경제적 자립, 정신적 자립, 윤리적 자립 등, 전면적인 인간의 자립을 의미하는 것이었다. 중요한 것은 생산수단에 휘둘리는 게 아니라 자신이 생산수단을 통제할 수 있게 되는 것이었다.

그리고 간디에게 있어서 독립·스와라지의 단위는 국가만이 아니라 마을 그리고 마을에 살고 있는 개인이었다. 마을사람들이 스와라지를 획득하지 않는 한, 인도가 독립했다고 말할 수 없다고, 간디는 되풀이해서 말하고 있다.

즉, 간디의 발언에는 독립론이라는 말로는 충분히 드러나지 않는 정치사상이 있다. 그는 남아프리카에서 아파르트헤이트에 맞서서 싸웠을 때, (남아프리카든, 인도든) 독립은 생각하지 않았다. 영국 헌법의 이념을 실현하면 대영제국 내의 신민은 평등하게 취급되는 것이 가능하다고 믿고 있었다. 그러나 인도로 돌아와서 인도 국민회의 운동에 관여하여 몇년 지난 후부터 역시 식민지 제도 가운데서의 평등한 취급은 무리라는 것을 알게 되었기 때문에 독립운동을 시작했다. 간디에게 독립 자체는 목적이 아니라 수단이었다. 목적은 평등과, 그 평등이 가능하게 하는 인간의 자립·스와라지였다. 식민지 제도 가운데서 신민은 인간이 아닌 것으로 취급되어 손상되거나 뒤틀린 존재가 된다. 따라서 독립은 압축된 신민상태로부터 자립적인 인간으로 발전한다는 의미를 가지고 있었다.

그런데 그 순서에 관해서 그는 두 개의 생각을 갖고 있었다.

1921년의 단계에서는 간디는 인도인이 모두 신민으로 행동하기를 거부하고 대영제국에 대한 아첨이나 협력이나 경제교류를 그만둔다면 그것만으로 식민지 제도는 사라져버릴 것이라고 믿고, 국민회의 회원모집운동을 추진했다.

그러나 그렇게는 되지 않았기 때문에 다른 방법, 즉 비협력활동도, 의회활동도 포함한 정치운동으로 대영제국으로부터의 독립을 쟁취했다. 그렇게 하여 순서가 바뀌어버렸다. 즉 인도의 70만 개의 마을이 아직 자립하지 않은 가운데 인도라는 나라는 영국으로부터 독립했다. 그 때문에 1948년에 간디는 1921년과 같이 마을 중심의 운동을 부활시키려고 한 것이다.

독립 후 헌법작성위원회가 만든 헌법에 대한 간디의 복잡한 기분을 이해하는 데에는 다음과 같은 발언이 참고가 된다. 1905년, 러시아가 새로운 헌법을 채택했을 때 간디는 이렇게 썼다.

> 이 헌법에 의해서 차르(황제)는 주권을 손에서 놓게 된다. 그러나 이 신헌법은 국민이 지금부터 더 버틸 수 있는 힘을 갖게 되도록 일보 전진을 했다는 사실은 부정할 수 없다.
>
> — 간디 전집 4권, 393쪽

인도 신헌법에 대한 간디의 평가는 이에 가깝다고 할 수 있다. 어쨌든 인도는 영국의 지배를 벗어나 독립 국가가 되었다. 비록 주권은 마을로 돌아가지 않고 델리에 남았지만, 참정권과 기본적 인권은 보장되고 있었기 때문에 인도인이 움직이기 쉽게 되었다. 그래서 목표에 다다른 게 아니라 1921년에 완성하지 못했던 판챠야트라지를 본격적으로 구축하는 것이야말로 지금의 과제라고 생각했을 것이다.

현대사회의 우리들은 이 사상에서 무엇을 배울 것인가.

아니, 이런 식으로 말하는 것은 그만두자. '현대사회'라는 것은 세계 전역의 다양한 사회를 생각하면 애매한 말이다. 더 구체적으로 말하자. 일본과 같이 산업자본주의가 진전된 사회에 살고 있는 우리는 이 사상에서 무엇을 배울 것인가.

우선, 간디의 반식민주의 사상과 행동으로부터 배울 것이 있는가.

일본은 인도와 같은 식민지는 아니기 때문에 관계가 없다고 말해도 될까.

적어도 외교정책의 면에서는 일본정부는 미국정부에 의해서 식민지화되었다고 흔히 말들 한다. 그렇다면 간디의 비협력 사상은 쓸모가 있는 게 아닐까. 그러나 누가, 어떠한 협력을 그만두는가 하는 게 문제가 될 수 있다. 식민지에 있는 괴뢰정권은 아니기 때문에 이것은 풀뿌리 차원의 일이 된다. 이러한 미국에 대한 식민지와 같은 관계로부터 독립하는 데에 어떠한 풀뿌리 차원의 비협력운동이 가능할 것인가.

간디의 반식민지론을 국제 관계가 아니라 국내 문제로 본다면 어떻게 적용할 수 있을까 — 이렇게 묻는 쪽이 이해하기 쉽다. 오키나와는 역사적으로 보아도, 현재의 정치적 역학관계로 보아도 일본의 식민지라고 말할 수 있기 때문에 만일 오키나와 사람들이 독립을 요구한다면 간디의 독립사상이 직접적인 쓸모가 있을까. 홋카이도(北海道)에 관해서도 같은 얘기를 할 수 있을지 모른다.

또 간디의 마을 중심의 국가 사상은 어떨까.

마을 중심의 정치형태는 일본에서 메이지시대(즉, 러시아에서 나로드니키가 활약한 시기)에는 가능한 선택지였을지 모르지만, 지금은 무리일 것이다. 다수의 인구가 도시에 거주하고 있고,

농어촌이라 하더라도 생산 면에서도, 소비 면에서도 산업자본주의 시스템에 완벽하게 편입되어 있기 때문이다.

그러나 간디의 정치사상의 근저에는 보편적인 정치법칙이 있다. 그것은 권력의 분석이다. 즉 권력은 완력도 아니고, 폭력도 아니며 사고력도 아니고, 조직력도 아니며, 신(神)의 힘도 아니다. 권력은 그 권력에 의해 관리되고, 휘둘리며 억압받는 사람들의 협력으로부터 발생하는 것이라는 법칙.(이것은 맑스의 착취사상과 유사하다. 자본주의사회에서 자본가의 경제력이 노동자의 노동으로 만들어진 가치에서 빼앗은(착취한) 것인 것과 마찬가지로, 정치가의 정치력도 그 정치력에 의해 통치되는 사람들의 협력으로부터 생겨나는 것이다.)

이 간디의 논리는 "피해자 자신의 책임이다!"라든가, 피해자를 비난하는 식의 분석은 물론 아니다. 식민자나 지배자가 책임 회피를 위해서 이 논리를 이용하는 것은 극히 그로테스크한 이야기이다. 그렇게 말하더라도 가해자 측에 있는 사람의 윤리적인 책임은 전혀 줄어들지 않는다. 그게 아니라, 이것은 권력의 근본적인 통제권, 말하자면 권력의 손잡이를 서민의 손에 되돌려주기 위한 분석이다.

어떤 의미에서 이 간디의 권력 분석은 주권재민, 그것이라고 말할 수 있다. 주권재민이라는 원리에는 두 가지의 측면이 있다. 하나는 제안. 즉 권력을 민중에게 인도해야 한다는 발상이다. 그러한 쪽이 공평하다든가, 그러한 쪽이 시스템이 잘 기능한다든가 하는 이유에서 나오는 제안이다. 또하나의 측면은 객관적인 사실이다. 권력은 원래 인민에게 있는 것이라는 사실. 간디가 말하듯이 인도에서 영국인들이 갖는 권력은 영국에서 가져온 것이 아니라 인도에서 인도인에 의해서 만들어진 것이다. 그리고 이것은 식민지 상태에 있는 지역만이 아니라 어떠한 권력에 대해서도 해당되는 법칙이다. 어떠한 훌륭한 왕이라도 주위에 스스로 '신민'이라고 생각하고 그것을 연기(演技)하는 사람이 없으면, 그 왕정은 성립하지 않을 것이다.

그렇게 생각하면, 주권재민을 실현하기 위해서는 어떠한 운동을 일으켜야 할 것인가라는 얘기로 된다. 권력을 민중에게 인도해야 한다 — 그것을 윤리의 문제만으로 한정한다면, 권력자에게 청원을 하고 설득을 하는 운동이 될 것이다. 구체적으로는 정부에 호소하거나, 청원하거나, 서명지를 제출하거나 하는 일이 될 것이다.

이와 같은 운동에 관한 간디의 발언은 흥미롭다.《힌두 스와라지》에서 그는, "힘의 뒷받침 없이는 청원은 아무 소용이 없다"라고 썼다. 힘에 뒷받침된 청원은 대등한 인간끼리의 청원이며, "예의의 상징이다. 노예로부터의 청원은 그 사람의 노예성의 상징이다."

그러나 그것을 뒷받침하는 '힘'에는 두 종류가 있다. 하나는 폭력인데, 간디는 그것을 부정한다. "또하나의 힘은 다음과 같이 말할 수 있다. 즉 '당신이 우리의 요구를 승인하지 않으면 우리는 청원하는 사람의 역할을 그만두겠다. 우리가 통치를 받는 사람으로 계속 존재하는 한에서 당신은 통치자이다. 우리는 당신과의 관계를 끊을 것이다.'"(제16장) 이 힘을 간디는 '사랑의 힘' 혹은 '혼의 힘'이라고 부르는데, 정치사상의 입장에서 보면 그와 같은 반(半)신비적인 호칭보다는 단순히 '비협력'이라고 부르는 쪽이 이해하기 쉽다(지배자를 특히 사랑하지 않더라도 비협력 활동은 가능하기 때문이다).

실제로, 권력은 본래 민중에게 있는 것 혹은 민중으로부터 발생한 것이라고 생각하면, 그 권력에 의해 억압받고 있는 사람들의 운동은 권력자에게 청원을 하는 것이 아니라 그 권력을 직접 되찾기 위한 행동이 된다. 스트라이크(한 시간이나 하루 만의 상징적인 것이 아니라, 기업주를 정말로 곤경에 빠뜨리는 동맹파업)도 그런 것이다. 보이콧도 그런 것이다. 양심적 병역거부도, 식민지 제도에 대한 비협력운동도 그리고 풀뿌리의 스와라지(=자립운동)도 그런 것이다.

물론 비협력운동으로 권력을 정말로 되찾는 것은 간단한 일이 아니다. 간디가 1921년에 했던 운동의 쓰라린 체험으로 알게 되었듯이 다수 사람들이 단결하지 않으면 실패하기도 한다. 그러나 거꾸로, 설령 한 사람이라도 협력을 그만두는 것은 의미가 있다. 자신의 양심에 부합하지 않는 일을 그만둔다, 납득할 수 없는 정부에 세금을 내지 않는다, 양심적 병역거부를 한다 등등, 이러한 활동에는 무엇보다 스스로 인간으로서의 위엄을 되찾는다는 의의가 있다. 그리고 "그러한 것도 가능하다"는 것을 실증하여 보여줌으로써 모두를 위한 가능성의 영역을 넓히는 데로 이어진다.

민중이 권력을 되찾아야 하는 것이 보편적인 정치법칙이라고 한다면, 지금이라면 그것은 어떠한 형태가 될 것인가. 맑스가 말하는 프롤레타리아계급도 확실히 없어졌고, 간디의 마을도 축소되어버린 산업사회 속에서 그 권력을 되찾아 담을 그릇은 어디에 있는 것일까.

이 문제를 생각할 때, '시민사회'라는 개념이 도움이 될지 모른다.

현대세계의 시민사회

시민사회라는 말은 옛날부터 있었지만 흔하게 사용하게 된 것은 18~19세기에 걸쳐서 유럽의 정치사상가들에 의해서였다.

여러가지 정의(定義)가 있지만, 정부에 의해 조직되지 않고, 직접 관리되지 않고, 자주적·자발적으로 발생하는 사회의 일부라는 정의가 일반적인 것일 것이다. 그러나 주의해야 할 점이 있다. 우선 하나는 '가족'은 시민사회의 개념에 들어가는가 하는 것이다.

확실히 가족의 구조는 정부가 만든 법률에 의해 만들어졌지만(일본의 경우, 일부일처제 이외의 가족은 법률로 금지되어 있다 등등) 기본적으로는 자발적으로 형성되어온 제도라고 생각한다면, 가족은 시민사회의 부류에 들어갈 것이다. 그러나 시민사회에는 일종의 자발적인 '공(公)'의 이미지도 있다. 그렇다면 가족은 '공'이 아니라 사적 영역에 들어가기 때문에 시민사회는 아닐지도 모른다.

또하나는 기업을 거기에 포함시켜야 하는가 하는 것이다. 국영·공영기업은 정부에 의해 관리되는 이상 제외되어야 한다. 한편, 민영기업은 정부로부터 떨어져 자주성이 있다. 따라서 시민사회의 정의를 기계적으로 따르자면 포함시켜야 할 것이다. 그리고 실제로 포함시키는 정치학자도 있다. 그러나 대기업 혹은 중소기업도 정부는 아니라 하더라도 경영자가 정부와 같은 권력을 장악하고 그 조직 속에서 일하고 있는 사람들을 권력자처럼 관리하고 있기 때문에 시민사회와는 다르다. 기업 속에서 공적 영역이 가능한 것은 스트라이크나 그 밖의 노동쟁의를 일으켰을 때뿐이다.

이전에 나는 시민사회를 다음과 같이 묘사한 바가 있다.

> 대중사회와는 달리 시민사회는 하나의 무리가 아니라, 공식 및 비공식의 다양한 집단이나 조직의 복합체이며, 거기에 집결하는 사람들의 목적도 정치, 문화, 경제에 걸쳐 다양하다. (…) 시민사회는 공적 논의의 장, 공적 가치와 공적 언어의 발전, 공적 자기(시민)의 형성을 위한 공간을 제공한다. 이 공간은 국가권력이나 권력의 획득을 목적으로 하는 정당이 우위를 점하는 공식적 정치 영역과는 별개의 것이다. 아담 퍼거슨이 18세기에 쓴 것과 같이, 시민사회에서는 시민은 반드시 정치가가 되지 않더라도 "동료들이 보는 곳에서 행동하고, 자신의 생각을 공적으로 형성하는" 장소를 가지고 있다. 시민사회는 자유를 요구하는 게 아니라 자유를 만들어낸다.
>
> —《래디컬 데모크라시》(1998)

시민사회는 간디가 말하는 마을과는 매우 다른 조직이다. 시민사회는 시골보다는 우선 도시에서 출현할 것이다. 일본어 번역으로 '시(市)'라는 글자가 들어가는 것은 틀린 게 아니며, 영어의 'civil society'의 'civil'과 같은 라틴어 어원에서 온 것이다. '공(公)'이라는 영역은 시골보다 도시 쪽에서 만들기 쉽다고 할 수 있다. 그러나 최근의 시민사회론은 간디의 마을 중심 국가 사상과 닮은 점도 있다. 여기에 또 내가 쓴 문장을 인용한다.

> 시민사회는 '가장 억압된 계급' 내지 '전위당'을 대체하는 역사적 변혁의 주체라고 주장하는 이론가도 있다. 그러나 계급이나 당과는 달리, 시민사회는 궐기하여 국가권력을 탈취하지 않는다. 오히려 궐기한다면 스스로의 실력을 보강하기 위한 것이다. 국가권력을 장악하는 게 아니라 국가와 맞서서 국가를 내버려두고 국가를 제어한다.
>
> —《래디컬 데모크라시》

즉, 시민사회는 국가이데올로기와 다른 사고방식, 판단기준, 행동 등을 발달시켜 점차적으로 자주·자립적인 존재가 된다는 이미지이다. 이것은 간디가 이끈 국민회의의 1921년 스와라지운동과 닮은 데가 많다.

'시민사회'라는 말은 간디의 어휘에 들어가 있지 않지만 그 말에 구애됨이 없이 내용을 생각하면, 간디가 판차야트라지라는 말로 뜻하려고 했던 것과 유사한 점이 있다. 간디는 마을을 기초로 했지만(당시 인도 인구의 대부분은 마을에 살고 있었기 때문에 당연하다), 그것은 전통적인 마을 그대로가 아니라 그 시대에 부합하는 마을을 지향하고 있었다. 그러한 목적으로 국민회의의 조직자나 간디 자신이 마을을 돌며 스와라지를 설명하는 교육활동에 전력을 바친 것이다.

국민회의가 지향한 것은 식민지정부를 무시하거나 의식하지 않고 자립하는 게 아니었다. 각 마을의 민중이 자기 마을 밖의 일에 신경을 쓰지도 않고 생각하지 않고 자립만을 생각하는 것도 아니었다. 그래서 우선 이 식민지정부가 어떠한 것이며 자신이 식민지에 살고 있는 것은 어떠한 것인가, 그 비참한 상태로부터 어떻게 벗어날 수 있을 것인가 등에 대한 의식개혁을 위한 노력을 열심히 했다. 대영제국으로부터 독립하기 위해 인도 전역에 걸친 비협력운동이 필요하다는 것을 각 마을사람들이 이해하기를 바랐던 것이다. 즉 마을을 기본으로 하여 전국적 '공(公)'을 개척하려고 하였다. 그것은 오늘의 말로 하면 일종의 시민사회라고 불러도 좋을지 모른다.

시민사회의 반대는?

시민사회는 정부의 조직으로부터도 이데올로기로부터도 자립한, 스스로의 판단기준에 의해 자유롭게 행동할 수 있는 영역이다. 그 이미지를 파악하기 위해서는 그 정반대가 무엇인가 하는 것을 생각하는 게 도움이 될 것이다.

일본의 문맥에서 생각하면, 시민사회의 정반대는 대정익찬회(大政翼贊會)로 구성된 사회일 것이다. 일본의 군국주의 시대, 일본정부는 정부 이외의 모든 사회조직 — 기업, 자원봉사조직, 종교·문화·교육 등의 조직 — 을 대정익찬회로 재편하려 하였고, 상당히 성공했다. 메이지헌법 밑에서 가부장의 권위는 정부의 권위의 연장으로 되어 있었기 때문에 가족 그것이 정부 기관이기도 했다는 설도 있다.

시민사회가 전혀 존재하지 않는 이런 상태를 전체주의라고 말한다. 나치 독일, 소련, 그 밖의 전체주의국가에는 자립한 시민사회가 존재하지 않고, 국가권력이라는 꼬챙이에 모든 조직과 개인이 꽂혀 매달려 있었다. 그리고 시민사회가 존재하지 않는 곳에는 시민도 없다. 거기에 있는 것은 신민이다.

또하나, 시민사회가 없거나 혹은 그 힘이 모자란 사회는 식민지임을 망각한 식민지이다. 아마도 간디는 그러한 상태와 싸웠을 것이다. 당시 인도의 많은 사회조직(중산계급 이상이 참가하고 있던 조직으로, 마을과는 다른)은 대정익찬회 같은 존재였을 것이다.

우선 정부 자체가 괴뢰정권으로, 학교는 영국식 교육, 즉 인도인을 영국인으로 만들기 위한 교육을 행하고 있었다. 그래서 정부에 취직하지 않는다, 선거에 참여하지 않는다, 정부의 재판소에서 소송을 하지 않는다, 영국식 학교에서 배우지 않는다는 간디의 비협력운동은, 식민지체제로부터 이탈한 자립적 사회영역 = 시민사회를 인도 속에 형성하는 것이 목적이었다고 할 수 있을 것이다.

시민사회와 일본국 헌법

물론 시민사회가 반드시 정부에 반대하거나 또는 정부를 쓰러뜨려야 한다는 것은 아니다. 자신의 판단기준을 가지고 정부가 하는 것이 지지할 만한 것이라고 판단하면 그것을 지지하고, 좋지 않다고 판단하면 지지하지 않는다. 극단적으로 나쁘다고 판단하면 그 정부를 바꾸려고 하는 경우도 있다.

시민사회의 전형적인 이미지는 일본국 헌법의 인권 조항이 잘 묘사하고 있다. 메이지헌법에도 인권 조항은 있었지만, 그것은 조건이 붙은 것이었다.

> 제28조　일본신민은 안녕질서를 방해하지 않고, 신민다운 의무를 지는 한(限)에서 신교(信敎)의 자유를 가진다.
>
> 제29조　일본신민은 법률의 범위 내에서 언론, 저작, 출판, 집회 및 결사의 자유를 가진다.

물론 조건이 붙은 인권은 인권도 뭣도 아니다. "안녕질서를 방해하지 않고, 신민다운 의무를 지는 한"이라고 단서를 단다면, 그 '질서'라는 것은 '정부의 편의'대로 정해지는 것이고, 그 '의무'는 메이지시대 제도 속에서는 천황에게 무한히 봉사한다는 것이었을 것이다. 그리고 '법률의 범위 내'라는 말은 블랙유머 같은 것이다. 금지법이 가결되면 그 '범위 내'는 사라지고 언론결사 등의 자유는 없어질 것이기 때문이다.

하지만 그 배후에 더 심각한 문제가 있다. 메이지헌법은 천황주권의 원리에 기초한 것으로, 그 속의 '인권'은 어디까지나 '천황의 은혜'이며 정부가 금지하려고 생각하면 어느 때든 가능했다. 따라서 그 시대에 시민사회를 만들려고 했던 사람들, 예를 들어 자유민권운동 활동가들은 억압받고, 체포되고, 살해되기까지 했던 것이다.

반면 일본국 헌법은 주권재민의 원리에 기초한 헌법이기 때문에 정부에 대한 명령이라는 형태로 되어 있다. 따라서 그 속에 보장되어 있는 인권은 정부나 천황으로부터의 '은혜'가 아니라 정부가 침해해서는 안되는 것이라고 국민이 정부에 선언하고 있다.

그 인권 조항을 읽어보면, '시민'의 모습이 잘 묘사되어 있음을 알 수 있다. 시민은 자신의 신조, 즉 판단기준을 가지며(제19조, 제20조), 그것에 기초하여 발언하고 행동한다(제21조). 결사를 조직하고 집회를 열고(제21조), 정부에 대해서 비판할 게 있으면 정부를 고소하든가(제16조) 혹은 정부를 바꾼다(제15조). 그리고 이 헌법의 매우 흥미로운 바는, 이러한 인권을 보호하는 일은 정부에 맡겨둘 게 아니라 국민의 의무이며 과제라고 되어 있다는 점이다.

> 제12조 이 헌법이 국민에게 보장하는 자유 및 권리는 국민의 부단한 노력에 의해서, 이것을 보지(保持)하지 않으면 안된다.

즉, 활발한 시민사회가 계속되지 않으면 이 권리는 소멸돼버릴 것이라는 것이다. 다른 말로 하면, 시민사회의 가장 근본적인 의무는 정부의 말에 따르는 게 아니라 정부의 폭주를 억제하는 것이다. 그리고 시민사회가 그 역할을 망각하고 방심한다면 정부는 폭주를 할 것이라는 것이다.

그런데 이 원고를 집필하고 있는 현재, 제안되고 있는 일본 자민당의 '신헌법 초안'에는 메이지헌법의 인권 조항에 붙어있던 것과 같은 조건이 부활하고 있다. 그것을 포함해서, 이 초안을 보면 일본의 시민사회를 될 수 있는 한 제한하고, 대정익찬회를 부활시키고자 하는 의도를 읽을 수 있다.

그러나 그것은 별개의 이야기이다.

시민사회는 비폭력이다

간디의 《힌두 스와라지》는 '독자'와 '편집자'와의 대화로 되어 있다. '독자'는 차례로 질문을 던진다(제17장).

독자 당신이 혼의 힘이나 진실의 힘이라고 부르고 있는 것이 성공한 역사적 증거가 있습니까? 어딘가에서 민족이 혼의 힘으로 일어선 예는 없는 것 같은데요.

이에 대한 '편집자'(간디)의 답은 매우 흥미롭다.

편집자 역사적 증거가 보고 싶다고 하셨지요. 그런데 역사라는 것은 무엇인가 묻지 않으면 안됩니다. (…) '역사'는 왕이나 황제가 행한 것이라는 의미라면, 그와 같은 역사에서는 혼의 힘이나 소극적 저항의 증거는 없습니다. (…) 우리가 배운 역사는 세계의 전쟁에 대한 기록입니다. (…) 왕이 어떻게 놀고, 어떻게 서로 적이 되고, 어떻게 서로 죽였는가 하는 이야기들이 역사에 진지하게 기록되어 있지만, 세계에 그러한 일들밖에 일어나지 않았다면 그 세계는 벌써 오래전에 사라졌을 것입니다. 세계의 이야기가 전쟁으로부터 시작되었다면 인간은 한 사람도 살아남지 못했을 것입니다.

(…) 따라서 세계의 많은 전쟁에도 불구하고, 이 세계가 아직 살아남아 있다는 사실이 이 힘의 최대의 증거, 논박할 수 없는 증거입니다.

여기서 간디는 평소와 다른 비폭력에 대한 정의를 제공하고 있다(그런데 여기서 그는 '소극적 저항'이라는 말을 사용하지만, 훗날 그 말을 사용하지 않게 되고 '비폭력 대항'이나 '사티야그라하' 등의 말을 사용하게 된다).

간디의 비폭력 활동에 대한 발언을 읽어보면, 그것은 보통사람으로서는 도저히 불가능한 것이라는 인상을 받게 된다. 특별한 훈련이 필요하고, 큰 용기와 각오가 없으면 불가능할 것 같은 이미지인 것이다. 그러나 여기서는 비폭력이 보통사람들이 보통의 일상생활 속에서 매일매일 행하고 있는, 당연한 방식인 것으로 말해져 있다.

이웃 사람이나 이웃 마을과의 사이에 말썽이 생기면 우리는 바로 죽이려고 하지 않고, 보통 의논을 하거나 타협을 하거나 화해하거나 할 것이다. 화해하지 않더라도 죽이거나 하지는 않을 것이다. 이건 너무나 당연한 일이기 때문에 역사책에는 기재되어 있지 않다. 그러나 그것이 사회의 본래 모습이다. 이것은 가족 안이나 일상생활에서는 폭력이 일어나지 않는다는 비상식적인 얘기가 아니다. 다만 그와 같은 폭력은 예외적이라는 얘기이다. 비폭력은 인간과 인간 사이의 끈이며, 그렇지 않으면 '사회'는 성립되지 않고 '인간'이라는 종(種)은 전멸할 것이다.

정말 그렇다. 비폭력이라는 것은 선인(仙人)이나 성인이 아니면 불가능한 것이 아니라 우리가 언제나 행하고 있는, 통상의 인간에게 부합하는 방식이다. 그렇게 생각하면 간디의 비폭력론을 조금 더 친근하게 느낄 수 있을지 모르겠다.

간디는 이 구별, 즉 의식적인 '주의'나 '운동'으로서의 비폭력과 일상생활 속의, 별로 의식하지 않고 당연한 것으로 여기는 비폭력 사이의 구별에 대해서는 논의를 전개하지 않은 것 같다. 그러나 이것은 매우 중요하다고 생각된다. 폭력은 예외적인 것이라 하더라도, 의식적인 비폭력운동은 더 예외적이며 극히 드문 것일 게다. 저 《힌두 스와라지》의 '독자'와 마찬가지로 "이것은 이론으로서는 이해가 되지만 그러나 대체 역사 속 어디에서 볼 수 있는가"라고 묻게 된다. 그러나 보통은 별로 의식하지 않는 당연한 이 비폭력의 존재를 깨닫는다면, 답은 "어디에나 있다"가 될 것이다.

그러한 의미에서 시민사회는 비폭력의 영역이다. 즉 어떤 나라의 시민사회가 의식적인 비폭력운동을 일으키는가 일으키지 않는가가 하나의 선택지로서 존재한다. 또 그 이전에, 시민사회 그 자체가 비폭력적인 존재이다.

그것은 어째서인가?

설명 방법은 여러가지겠지만, 이것은 중요한 포인트이다.

앞에서 말한 대로, 시민사회는 '공(公)'을 형성한다. '공'은 인간의 언어능력에 기초한 존재이다. 즉 '공'은 인간이 말로 교류하는 장(場)이지만, 그러나 어떠한 말이라도 좋은 그런 것은 아니다. '공'에 부합하는 말은 (사적인 것이 아니라) 공적인 것이라고 말하면 동어반복으로 들리겠지만, 그러나 중요한 점이다.

예를 들어, 명령이라는 형태의 언어는 '공'에 부합하지 않는다. 그렇기는커녕 '공'을 파괴할 것이다. 집회가 열려 모두가 이러저러한 이야기를 듣고 있을 때 기동대가 와서 "돌아가라"고 명령한다면, 그 장에 있던 '공'은 (만일 그 사람들이 그 명령에 따른다면) 소멸돼버릴 것이다. 거꾸로, 회사나 군대조직 속에서는 명령어는 들어맞지만 '공'의 언어는 잘 맞아 들어가지 않는다. 앞에서 말했듯이, 회사에서 공적인 장이 가능한 것은 스트라이크를 준비하고 있을 때뿐일 것이다. 군대조직은 '공'을 절대로 허용하지 않는다. 왜냐하면 만일 군대조직 속에서 '공'이 확산되기 시작한다면 그 조직은 매우 위험한 상태로 들어갈 것이기 때문이다.

물론, 명령은 폭력과 잘 어울리는 말이다. 무언가 폭력의 위협으로써 비로소 명령이 가능하다고 할 수 있기 때문이다. 공적 언어는 기본적으로는 대화의 언어이지만, '명령'과 '대화'

는 상반하는 것이다. 명령에 대해서 이론(異論)을 제기하면 그 명령의 명령성을 부정하는 것이 된다. 명령을 명령으로서 인정한다면, '네'라든가 '아니요' 이외에 답은 있을 수 없다.

'공' 그리고 시민사회는 대체로 대등한 인간끼리의 대화로써 비로소 존재한다. 그리고 그것은 반드시 정치적인 논의에 한정되지 않는다. 함께 행동한다거나 일을 한다거나 하기 위한 대화도 있고, 여러가지 문제를 어떻게 생각하는가, 어떻게 평가할 것인가라는 논의도 있고, 그냥 잡담도 있다. 그렇게 해서 언어의 망(네트워크)이 형성되고 시민사회가 형성되는 것이다. 나아가서 언어로부터 생겨난 유대는 폭력과 모순된다. 폭력은 입이 없다고들 하지만, 입이 없을 뿐만 아니라 언어를 파괴하고 침묵을 만들어낸다.

그렇게 생각하면, 시민사회는 의도적으로 비폭력'주의'가 아니라도 근본적으로 비폭력적인 존재라는 것이 이해될 것이다.

간디의 글을 읽으면, 다른 관점을 얻게 되고 보이지 않았던 것이 보이게 되는 것도 있다. 예를 들어서 '폭력혁명'을 어떻게 볼 것인가. 간디의 주위에는 인도의 독립을 획득하기 위해서 폭력혁명을 일으켜야 한다고 생각하고 그를 설득하려고 시도한 사람도 물론 있었다. 그것에 대한 간디의 답변은 흥미롭다.

> 물론 또하나의 길이 있습니다. 그것은 폭력입니다. 그러나 나는 그것을 할 수 없습니다. 그뿐만 아니라 나는 그것을 믿지 않습니다.
>
> — 전집 35권, 103쪽

간디가 진지하게 이런 구별을 한 것은 그 구별이 자신에게 중요했기 때문일 것이다. 그것은 어떠한 것이었을까. 간단히 말하면, 전자(그것을 할 수 없다)는 종교가로서의 간디이며, 후자(그것을 믿지 않는다)는 정치가·정치사상가로서의 간디이다. 전자는 말하자면 자신의 신념이며 윤리적인 발언("폭력을 사용해서는 안된다")인 것에 비해서, 후자는 냉정한 판단("폭력은 효과적이지 않다")인 것이다.

간디의 종교적인 측면과 정치적인 분석을 별개의 것으로 취급해서는 안된다는 의견도 있을 것이다. 확실히 인간으로서의 간디를 생각하는 경우 그게 타당하다고 생각한다. 그러나 이 발언(그리고 이 발언만은 아니지만)에서 그 자신이 그러한 구별을 강조하고 있는 이상, 그 구별은 중요하다고 생각해야 한다.

전자와 후자는 전혀 이질적인 발화(發話)이다. "나는 그것을 할 수 없습니다"라는 말에 대해서, 만일 상대방이 "그렇습니까, 그러나 나는 그것을 할 수 있습니다"라고 답하면, 이야기는 그것으로 끝나버릴 것이다. 그런데 "나는 그것을 믿지 않습니다", 즉 "폭력으로 바람직한 효과가 나온다고 생각하지 않습니다"라는 말은 논의의 여지를 생기게 하는 발언이다. 폭력이 어떠한 결과를 낳는가는 바깥 세계에 있는 객관적인 사실이기 때문에 상대방이 간디와 같이 종교적 신념을 갖고 있느냐 하는 것과 관계없이 논의가 가능한 문제가 된다.

간디 자신은 폭력으로 바람직한 효과를 거둔다고 해도 그것을 사용하지 않았을 인간이다. 그리고 종교가로서 폭력을 사용하지 않는 인간을 기르는 데 노력하였다. 그러나 그의 주위에는 "바람직한 효과가 있다면 사용하고 싶다"고 생각하는 사람들이 있어서, 간디는 그런 사람들을 설득하려고도 했다. 그처럼, 그는 그들에 대해서 현실주의 정치사상가로서 말하고 있는 것이다. 실제로 폭력을 통해서는 모두가 기대하는 것과 같은 결과는 나오지 않는다, 라고.

"폭력을 믿지 않는다"는 것은, 구체적으로 무엇을 믿지 않는다는 것일까. 자신을 괴롭히는 사람이 있을 때 그를 죽여버리면 더이상 괴롭힘을 당하지 않을 것이며, 위협을 하면 괴롭힘을 그만두는 경우도 있다는 것을 간디가 모르고 있지는 않았을 것이다. 그러나 간디가 문제삼고 있는 것은 그러한 개인적인 이야기가 아니라, 독립운동 그리고 정부를 뒤엎고 새로운 정치형태를 창립하는 경우에 과연 어떤 수단이 적절한가라는 것이다. 그런 문맥에서 생각할 때, 대체 어떻게 해서 폭력으로는 "효과가 없다"고 말할 수 있을까. 간디는 혁명의 시대에 살았고, 특히 목전에서는 러시아의 폭력혁명이 위대한 효과를 나타내고 있었다. 그것을 보면서도 "믿지 않는다"고 계속 말하는 것은 현실도피가 아닌가.

이 의문에 대해서 간디는 반듯한 분석적인 글을 남겨놓은 것 같지 않다. 그러나 그의 이러저러한 발언으로부터 답을 읽어낼 수는 있다.

우선, 1921년의 비협력운동 그리고 그 배후에 있던 사상으로부터 생각해보자. 그것은 혁명의 핵심은 대체 무엇인가 하는 논의가 중심이 된다.

물론 간디는 '혁명'이라는 말이 아니라 '스와라지'나 '자립'이라는 말을 사용한다. 그러나 그 목적이 사회구조도, 정치형태도 발본적으로 다시 창립하여 별도의 원리를 형성하는 것이라고 생각한다면, '혁명'이라고 불러도 좋을 것이다.

그 핵심은 식민지 제도에 종속되지 않는 마을 중심의 새로운 시민사회를 만드는 것이었다. 또 새로운 사회를 만드는 것은 비폭력적인 방식으로 해야 한다고 말할 필요는 없었다. 그것은 본래 폭력과 관계없는 것이기 때문이다(물레질을 비폭력적으로 해야 한다고 말할 필요는 없는 것이다). 그리고 자립하려고 결의한 마을이 증가하면, 대영제국의 폭력정치로부터 각 마을로 권위가 옮겨진다. 이 과정은 혁명의 전사(前史)가 아니라 혁명 그 자체이다. 권위가 마을로 옮겨지는 단계에서 궐기하여 혁명을 일으키는 게 아니라, 그 단계에 이미 혁명은 대체로 종료되고 인도는 독립되는 것이라고 생각했다.

다른 혁명에 대해서도 비슷한 분석이 가능하다. 간디의 '역사'에 관한 분석에 의하면, 전쟁이나 그 밖의 폭력 쪽이 눈에 띄고 그것이 결과적으로 역사서에 남는다. 그러나 인간이 살아온 비폭력의 일상생활은 눈에 띄지는 않더라도 압도적으로 많은 시간을 점하고 있다, 그렇지 않으면 인류는 전멸했을 것이라고 하는 간디의 역사관을 혁명에도 적용시킬 수 있다. 우리는 사람의 사고방식이 변하기 시작하여 새로운 여러 사회조직이 나타나고 정부의 권위가 허약해지는 것을 '혁명의 전사'라고 부르고, 최후의 폭력에 의한 탈취를 '혁명'이라고 부르는 경향이 있다. 그러나 혁명의 참다운 '혁명적'인 면은 사람의 사고방식, 행동방식, 결사방식 등, 이른바 '전사' 쪽에 있을 것이다. 폭력 자체에는 그와 같은 변혁을 일으킬 능력이 없다. 폭력으로 혁명을 억압하려는 사람들을 죽이거나 위협하거나 하는 것은 가능하지만, 혁명 그것을 일으키는 데에는 폭력은 무력하다. 간디는 그것을 말하고 싶었던 것이 아닐까.

1921년의 비협력운동으로 돌아가자. 그 운동에서는 수단과 목적이 밀접히 연결돼 있었다. 아니, 수단과 목적은 거의 같은 것이었다. 즉 마을 중심의 운동에 의해서 마을 중심 사회=판차야트라지가 실현 가능하다는 것이었다.

스와라지는 운동의 방법이기도 하고, 새로운 사회의 원리이기도 했다. 폭력투쟁으로 뭔가 새로운 사회를 쟁취할 수는 있을 테지만, 그 사회 자체는 쟁취할 수 없다. 수단을 선택해야 할 때가 있다면 '강함'을 기준으로 결정해서는 안된다. 폭력이 가장 강하다는 이유로 폭력을 선택할 때, 어떠한 새로운 사회라도 만들 수 있는 것은 아니다. 폭약은 쇠망치보다도 강하지만 목조 집을 세우려고 할 때 과연 그것을 사용할 수 있을까. 그러므로 목적에 부합하는 적절한 수단을 선택하지 않으면 안되는 것이다. 폭력을 혁명의 수단으로 선택하면, 혁명에 의해서 태어난 신(新)사회 속에도 그 폭력은 들어오게 된다. 러시아혁명의 역사(그리고 아메리카혁명도)는 그것을 실증하고 있다.

그리고 선거와 의회정치를 중심으로 하는 운동방법을 선택하면, 선거와 의회정치를 중심으로 하는 정부가 된다. 따라서 주권을 마을로 이동시키는 새로운 정치형태가 목적이라면 처음부터 마을 수준에서 그 주권을 일으키는 것 이외에 다른 수단은 없을 것이다.

그러나 간디 이외의 거의 모든 국민회의 지도자들은 마을 중심의 정치형태도, 비폭력의 국가도 목적으로 하지 않았다. 비폭력 저항이 독립운동에서 차지하는 강한 힘을 인정하고 수단으로서 이용했지만 독립 이후에는 '정당한 폭력을 독점하는' 보통의 국가를 형성하려 했다. 그렇게 되자, 간디는 더이상 불필요한 존재 정도가 아니라 방해물이 되었다. 그는 비폭력주의자로서는 불가사의한 비유를 사용하면서 그것을 슬픈 마음으로 인정했다.

> 나는 인도를 설득하지 못했다. 나는 기운이 빠져버린 탄환이다.
>
> — 전집 91권, 203쪽

주권재민 재고(再考)

앞에서 말했듯이, 오늘날의 대부분의 사회에서 주권을 마을로 되돌리는 것은 생각하기 어렵지만, 마을을 대신하여 '시민사회'가 주권의 그릇이 될 수 있다고는 생각해도 될지 모른다.

그런데 그것은 참정권을 가진 인민은 '주권자'가 아니라는 의미일까. 이것을 생각하는 데에는 주권재민론에 있어서 고전이 되어 있는 존 로크의 《시민정부론》이 참고가 된다.

로크의 정치사상은 사회계약론에 기초하고 있다. 즉 자연상태에 있는 인간은 그 상태가 불편한 것을 알고, 사회계약을 맺어서 정부를 만든다는 논리이다. 이렇게 설명하면 계약이 하나인 것처럼 들리지만, 실은 두 개의 계약이 존재한다. 우선 정부와 인민 사이의 계약이 눈에 들어오지만, 그 이전에 인민 자신들이 서로간에 계약을 맺지 않으면 정부와 계약을 하는 주체가 되지 못한다.

> 공동체를 만들어 인간을 황량한 야만상태로부터 들어올려 정치사회로 끌어들이는 것은, 각자가 합심하여 하나의 신체로서 행동하고, 그것이 명확한 코먼웰스(commonwealth)가 된다는 협약을 타인들과의 사이에 맺는 것이다.

사회계약에 두 종류가 있다는 점은 매우 중요하다. 왜냐하면, 계약이 하나밖에 없다면 민중과 정부 간의 계약이 끊어진 경우, (로크의 선배 홉스가 쓰고 있듯이) 민중은 뿔뿔이 흩어져서 '만인과 만인의 전쟁'상태가 된다. 로크의 설에 의하면, 정부와의 계약이 끊어진 경우, 즉 정부가 그 계약을 파기한 경우, 민중은 또하나의 자신들 사이의 계약을 가지고 있기 때문에 뿔뿔이 흩어지지 않는다.

> 인민은 자신들의 안전과 복리를 위해 가장 좋다고 생각되는 방식으로 입법부의 인원이나 형태 혹은 그 양쪽을 변경함으로써 종전의 그것과 다른 새로운 입법부를 만들고, 이리하여 자유롭게

자신들을 위한 방비를 하는 것이다.

물론 최초의 사회계약은 정치 신화이지만(언제나 누가 어디서 그런 계약을 맺었는가라는 의문에 부딪힌다), 그렇다고 해서 쓸모가 없는 것은 아니다. 그것은 다음 상태의 준비로서 필요한 것이다. 더욱이 그 상태는 신화가 아니라 실제로 일어날 수 있으며, 사실 그것은 로크가 집필하던 중에 일어났다. 《시민정부론》은 1688년 영국의 명예혁명을 논리적으로 뒷받침하기 위해 쓰여진 책이다.

로크의 '정치사회'(지금이라면 '시민사회'라고 부르는 것과 거의 같다고 생각된다)에는, 정부나 정치형태를 변경시킬 자유가 있다고 한다. 이것은 예를 들어 선거에서 야당에 투표한다는 그런 얘기가 아니다. 선거는 정부가 결정한 규칙에 의해서 행해지지만, 로크가 생각하고 있는 상태에서는 정부와의 계약이 끊어지면 그 규칙은 더이상 유효하지 않다. 물론 경우에 따라서 그 선거의 규칙은 습관적으로 사용될 수 있을지도 모르지만, 핵심적인 것은 정부가 제공한 틀 이외에서도 인민은 행동할 수 있다는 점이다.

로크가 말하는 정부를 바꿀 수 있는 '자유'는 세 가지로 나눌 수 있다.

하나는 정부를 바꿀 수 있는 권리. 둘째는 정부를 변경할 수 있는 정신력(비판적 사고, 의지, 용기 등). 셋째는 정부를 변경할 수 있는 능력(power)이다.

권리에 대해서는 로크는 논리적으로 설명하고 있다. 최초부터 인민은 자신의 편의상 그 정부를 만들고, 그리고 계약을 맺었다. 계약한 일방이 그것을 파기한 경우, 다른 일방은 계약을 지킬 필요가 없다는 계약론의 상식이 정부와 인민 간의 계약에도 해당된다는 논리이다.

정치사상가가 할 수 있는 것은 거기까지이다. 그들은 인민에 대해서 논리상의 자유를 부여할 수 있지만, 그 정신력과 능력(권력)은 인민 자신이 만들어내지 않으면 안된다. 그러한 힘을 기르는 것이 시민사회·정치사회의 발전이다. 앞에서 말했듯이 시민사회는 대정익찬회와 어용학자의 집합체가 아니다. 정부는 신성한 것이 아니며, 법률을 가결하는 것은 윤리도덕을 가결하는 것과는 다르다.

시민사회에는 정부가 하고 있는 것을 냉정히 관찰하고 그것을 평가하기 위한 원리와 기준이 있다. 거기에 따라서 찬성할 때에는 지지를 하고 찬성할 수 없을 때에는 지지하지 않을 정도의 의지력이 필요하다.

간디는 식민지화되어 있던 인도에서 활동을 하고 있었기 때문에 의식의 탈식민화를 운동의 중심에 두고 있었다. 식민지정부는 영국의 법, 사상, 문화, 기술 등이 인도의 그것보다 우월한 것이라고 열심히 가르치려고 하였다. 그것을 믿어버리면 식민지정부에 대해서 반대할 의지, 결심, 용기가 간단히는 나오지 않을 것이다. 거꾸로 말하면, 많은 사람들이 결심을 하면 대영제국에 대항할 큰 힘이 된다. 그러한 상황 속에서 간디는 정치력은 폭력으로부터 생겨나는 게 아니라 의지력으로부터 생겨난다고 단언했다. 이것은 뭔가 신비주의적인, 뉴에이지적인 발상도 아무것도 아니다.

생각해보면, 폭력으로 정부를 바꾸는 데에도 의지력이 필요하다. 정부에 대해 강한 반대의지를 가진 자가 많지 않으면 폭력혁명도 불가능할 것이다. 따라서 그 '의지'는 '폭력' 이전의 문제다. 그렇다면 폭력의 행사라는 것은 대체 무엇을 위한 것일까. 반대의지를 가지고 있는 사람이 모자랄 경우 한 사람 한 사람의 효과를 확대하려고 폭력을 쓰는 것일 것이다.

그러나 앞에서 말했듯이, 혁명의 '혁명적 핵심'은 폭력을 사용하는 단계가 아니라 그 이전의, 반대의지를 가진 많은 사람들이 모여서 하나의 반대세력을 결집하는 단계이다. 정치권력 그것은 무기로부터 생겨나는 게 아니라, 강한 의지를 가진 사람들의 결집으로부터 나온다. 간디는 무기를 사용하면 자신의 효과를 확대할 수 있다는 생각은 환상이며, 오히려 비폭력저항·비협력 쪽이 압도적으로 강하다고 믿었다. (생각해보면 세계 도처에서 면면히 계속돼온 반정부 무장투쟁이 허다하다. "폭력 이외의 다른 방법이 없다"고 흔히 변호되고 있지만, 그것은 인도의 독립운동이 역사에 존재하지 않았던 것처럼 얘기하는 것이다. 비통한 얘기지만 만일 처음부터 비폭력·비협력 운동방식을 선택했더라면 오래전에 승리로 끝날 수 있었던 경우가 많지 않았을까.)

이야기를 본론으로 되돌리자. 나는 혁명을 권하기 위해서가 아니라 주권재민을 생각하기 위해서 이 글을 쓰고 있다. 로크는 명예혁명을 이론적으로 뒷받침하기 위해서 《시민정부론》을 썼지만, 그 가운데서 정치사회·시민사회에 극히 흥미로운 정의를 부여하고 있다. 그것은 정치사회·시민사회는 혁명을 일으키는 것이라는 정의이다. 주권재민, 인민이 주권자라는 것은 그러한 의미일 것이다. 실제로 정부를 지지하는가 반대하는가, 바꿀 것인가라는 선택지는 상황에 따라서 변하는 것이지만, 그러한 선택을 하는 능력을 갖고 있는 것은 시민사회이다.

다만, 되풀이하지만, 시민사회에 그러한 권리가 있다는 것을 정치사상가가 논증할 수는 있지만, 그 능력은 시민사회가 스스로 만들지 않으면 안된다.

시민사회와 언어

시민사회가 대정익찬회의 집합체로 되지 않기 위해서 정부로부터 떨어져 있어야 한다는 사고방식, 판단기준, 문제설정의 방식, 감성 등을 기르지 않으면 안된다. 그 때문에 시민사회는 정부의 언어, 즉 정치가의 용어, 관료적 용어와 다른 자신들의 생활, 사고방식, 감성을 표현할 수 있는 언어를 만들지 않으면 안된다.

언어와 사고방식에는 밀접한 관계가 있다. 정부가 만일 한 나라의 언어를 지배하게 된다면, 그 국민을 지배할 수 있을 것이다. 그리고 그렇게 하려고 하는 정부도 있다. 지배자는 사고를 정지시키는 언어를 만드는 데 대단히 유능하다.

예를 들어, 내정간섭을 '원조', 난개발을 '경제발전', 침략을

'인도적 개입', 학살을 '부수적 손상', 성공한 탄압을 '평화'라고 말한다. 그러한 어휘를 우리의 언어에 포함시키면 자신이 어떠한 상황에 있는지를 파악할 수도 없고, 서로 의논도 할 수 없을 것이다.

언론 자유나 결사의 자유는 그 때문에 필요하다. 즉, 그것들은 권리만이 아니라 활동 그 자체도 가리킨다. 헌법, 형법, 판례, 관습 등으로 '권리'로서의 언론·결사의 자유를 제공할 수는 있지만, 그것은 그 활동의 '장(場)'을 제공하는 것뿐이다. 사람들이 실제로 그 '장'에 모여서 발언하고, 의논하고, 활동함으로써 비로소 그 자유가 내용 있는 것이 될 수 있다. 그리고 그 내용의 일부로서 정부의 관료적 용어와는 다른 시민사회의 언어가 있다.

이 시민사회 언어는 옛날부터 전해져온 언어도 아니고, 가정 내에서 사용되는 일상어와도 다른 것이다. 공적 사태를 생각하고 의논하기 위한 언어이기 때문에, 그러한 '공(公)' 자체가 불가능하면 태어날 수 없는 것이다. 따라서 시민사회의 언어는 그 공=시민사회의 활동에 의해서 점차로 형성되는 것이다.

거꾸로, 시민사회가 정부의 관료 용어만으로 의논을 진행하려고 하면, 시민사회 자체가 없어지고 대정익찬회의 집합체로 변신할 것이다.

간디의 운동의 경우, 인도 시민사회 언어는 대단히 풍요로운 것이 될 수 있었다. 물론 그의 모어(母語)가 영어가 아니라 구자라트어와 힌두어였던 것이 유리하게 작용했다. 간디는 영어

문장을 꽤 많이 써서 남겼지만, 가장 중요한 말은 영어로 된 글에서도 구자라트어나 힌두어를 썼다. 사티야그라하, 스와라지, 판차야트라지, 카디(인도의 토산 직물)와 같은 언어는 영국인 식민자들이 처음에 무슨 말인지 전혀 이해할 수 없었고, 최후까지 이해할 수 없었던 사람들도 많았을 것이다. 그러나 그 언어는 수백만의 인도인을 움직였다.

일본의 시민사회는?

그런데 일본의 시민사회는 어느 정도 발전하고 있는가. 물론 이 책은 일본 시민사회에 관한 연구 발표도 아무것도 아니기 때문에 인상 정도로밖에 말할 수 없지만, 일본국 헌법, 특히 기본적 인권을 보장하는 조항에는 활발한 시민사회가 훌륭하게 묘사되어 있다. 거기에는 자유롭게 모이고, 말하고, 쓰고, 종교(혹은 무신론)를 택하고, 동아리를 선택하고, 직업을 선택하고, 학습을 하고, 정부에 대한 비판이 있으면 반대 목소리를 내고, 행동을 일으키는 사회가 묘사되어 있다.

그러나 되풀이하지만, 헌법은 그러한 행동의 권리를 보장하고 그것을 위한 장을 제공할 수 있지만, 사람들을 그렇게 행동하도록 만들 수는 없다.

몇년 전쯤, 일본의 매스컴이 일본의 민족주의와 관련된 사건으로 시끄러웠을 때, 어떤 큰 신문사의 기자가 말했다. "우리 신문기자들은 자신이 정말로 생각하고 있는 것은 아무도 쓰지 못해요."

에! 뭐라고? 라고, 나는 생각했다.

때때로 기자나 글쓰는 이들로부터, "일본에는 진정한 언론의 자유가 없어요"라는 대사를 들을 때가 있다. 그러나 그 상투적인 불평은 대개 자신의 자기검열을 변호하기 위한 말일 것이다. 일본에는 정치사상범으로 감옥에 들어가 있는 사람은 없고, 뭔가를 말하거나 썼기 때문에 체포되는 일도 없다. 즉, 일본정부에는 이러저러한 문제는 있지만, 세계를 둘러보면 언론·결사의 자유가 꽤 지켜지고 있는 쪽이다. 정부의 마음에 들지 않는 것을 말하면 즉시 체포되는 나라도 실재하고 있다.

물론 주위의 압력도 있고, 협박전화도 있고, 취직이나 승진이 어려워지게 되는 일은 있다. 그러나 그 대가를 지불하면서 발언을 계속하고 있는 사람도 있다. 언론의 자유라는 것은 역사 속에서 대개 그러한 것이었다. 일본국 헌법 제12조와 제97조에 적혀 있듯이 인권은 그것을 위해 끊임없이 싸우지 않으면 잃어버리게 된다.

오늘날의 세계에서 일본은 인권이 꽤 지켜지고 있는 쪽이다. 그리고 시민사회도 꽤 활발한 쪽이다. 더 정확히 말하면, 사회의 일부만이 활발한 시민사회가 되어 있다. 다양한 사상을 가진 결사가 있고, 다양한 사상을 표현하고 있는 책이나 잡지, 신문도 출판되고 있다. 물론 그것은 매스컴이 아니라 대부분 미니컴이지만, 그것을 출판하는 것만으로 저자나 편집자, 출판인이 체포되거나 하는 일은 없다.

그러나 어디까지나 이것은 사회의 소수파이며, 주류는 아니다. 사회의 주류에 속하는 사람들 다수는 시민사회에 참여하는 것 자체가 '나쁜', '좋지 않은', '괴상한', '두려운' 혹은 (젊은이라면) '어두운' 것이라고 생각하고 있다.

이것은 일본사회에 침투한 천황제의 작용인지도 모른다.

일본국 헌법은 주권재민의 원리에 기초해 있지만, 그 원리와 모순되는 조항이 있다. 제1조이다.

몰론 제1조는 천황을 '상징 천황'으로 하고, 대일본제국 헌법에 비하여 그 권한을 대폭 줄이고 있다. 그러나 그래도 이 제1조는 '천황'이라는 말을 일본국 헌법에 들여놓은 것 자체로 파문을 부르고 있다.

그리고 제1조의 문체도 중요하다. 즉, "우리 주권을 가진 일본 국민은 일본국의 상징과 일본 국민 통합의 상징으로서 천황을 옹립한다"는 식으로는 적혀 있지 않다. "천황은 일본국의 상징이며"라는 식으로 적혀 있다. 즉, '천황'이 이번에는 무엇이 될 것인가라는 문제설정 아래에서의 기술이다. 종전(終戰) 당시 '천황'이라는 말에는 이미 농후한 의미가 있었고, 그것은 일본인이 모두 골수까지 알고 있었던 것이다. 메이지유신 이래 만들어진 '천황'이라는 말의 의미세계가 이 제1조에 의해서 일본국 헌법에 들어간 것이다.

'천황'이라는 말의 복잡한 의미의 하나는, 천황이 정부에 결부돼 있으면 그 정부는 신성한 것이어서 비판의 대상이 되지 않고, 어디까지나 복종해야 하는 것이 된다는 점일 것이다.

대일본제국 헌법 전문(前文)의 최초의 말은 '짐(朕)'이며, 문장은 모두 메이지천황의 말이라는 형태로 되어 있다. 요는, 주권자는 천황이라는 논리로 된 헌법이었다. 현재의 헌법에는 주권자는 국민이며 천황이 아니라는 것이 확실히 적혀 있다. 그러나 그 말하는 방식은 '천황'이라는 말이 이미 갖고 있는 의미세계와 모순된다. 나는 그 해결책을 갖고 있지는 않지만, 다만 그 모순이 일본국 헌법에 있고, 일본사회에도 있다는 점을 지적해두고 싶다. 그리고 그 모순이 시민사회의 발전을 제한하고 있다는 것은 말할 것도 없을 것이다.

간디는 유죄였다

간디는 일관되게 비폭력을 주장했기 때문에, 그는 선인(善人)인 척 뽐내는 놈, 혹은 바보 같은 놈이 아니었는가 하고 생각하는 사람이 있을 것이다. 그러나 1922년의 재판에서 그가 국가전복범으로 유죄판결을 받은 것을 잊어서는 안된다. 그것은 단순히 "유죄판결이 났다"는 것이 아니다. 그는 객관적으로도 유죄였고, 본인도 적극적으로 그것을 인정했다.

국가전복범은 정부를 뒤엎으려고 하거나, 식민지의 경우 식민 정부를 쫓아내려고 하는 행위를 한 사람이다. 간디는 틀림없이 대영제국 정부를 인도에서 쫓아내려고 했다. 그가 재판관에게 한 발언은 유명하다.

> 나는 동정을 구하지 않습니다. 정상(情狀)을 참작해달라고 호소하는 것도 아닙니다. 나는 의도적으로 저지른 범법행위, 내가

보기에 시민의 최고의 의무라고 해야 할 행위에 대해서 가능한 한 가장 엄격한 처벌을 내려주기를 부탁하고, 그것을 기쁘게 받기 위해서 여기에 왔습니다. 재판관, 당신에게는 다음과 같은 길밖에는 없습니다. (…) 즉, 사임하든가 혹은 만일 이 제도와 법률이 민중을 위해서 좋은 것이라고 믿는다면, 나에게 가장 엄격한 판결을 내리는 것입니다.

— D. G. Tendulkar, *Mahatma: Life of Mohandas Karamchand Gandhi*, New Delhi: Publications Division, Government of India, 1951, 2권 97쪽

나아가서, "만일 내가 석방된다면 똑같은 짓을 할 것입니다"라고 말했다.

간디는 틀림없이 국가전복범으로서 유죄였다. 인도로부터 대영제국을 쫓아내려 하였고, 그리고 약속대로 석방되자 똑같은 일을 계속했다. 즉 쫓아내려고 한 것이 아니라 쫓아냈다. 국가전복범은 결국 국가전복에 성공했다.

사소한 것에 매달리는 것처럼 보일지 모르지만, 일본어의 '전복(顚覆)'이라는 말에는 간디가 하려고 했던 것에 조금 부합하지 않는 게 있다. 그 말의 박력은 간디의 운동과 닮은 데가 있는지 모르지만, 구조적으로는 부합하지 않는다고 생각한다. '전복'은 "배를 전복시킨다"는 용례와 같이 무언가를 거꾸로 하여 파괴한다는 이미지가 있다. 그런데 이 이미지는 쿠데타나 레닌주의적 혁명에는 어울리지만, 간디적인 비협력운동에는 상응하지 않는다.

간디의 비협력운동은, 정부는 뒤엎어지는 게 아니라 밑으로부터 갉아먹혀서 점차로 권위가 없어지고 공허하게 되어, 어느샌가 국가주권이 정부로부터 국민 쪽으로 옮겨져 온다는, 그러한 구조이다. 그렇다면 정부를 뒤엎을 필요는 없다(물론 그것은 간디가 재판관에게 충고했듯이, 많은 군인과 경찰관이 사임을 하고 민중 쪽에 가담하는 것을 전제로 한다).

이러한 정치상황에 부합하는 일본어 표현이 있을까 — 국가를 뒤엎는 게 아니라 국가를 갉아먹는다. (이 조어를 제안하면서도 이 이미지에 문제가 있다는 것을 나도 알고 있다. 즉 일식(日蝕)은 일시적인 현상이며 끝나면 태양은 또 나타나지만, 간디는 물론 일시적인 것을 겨냥한 것이 아니다. 그가 생각한 것은 국가를 갉아먹는 게 아니라 실제로 먹어치우는 것이었을 것이다.)

간디가 최후에 구상한 헌법안도 말하자면 국가 먹어치우기다. 그것은 인도 국민회의의 멤버들이 정부의 직을 사임하고(그것은 간디가 재판관에게 했던 것과 같은 제안이다), 마을로 돌아가서 주민들과 함께 마을의 자립·스와라지(=주권)를 획득하기 위한 활동을 하라는 제안이었다.

간디에게 있어서 'constitution(헌법)'은 인간의 몸의 상태인 것과 같이 나라의 본체이기도 했다. 그것은 종이에 쓰여진 것도 아니고 법에 적혀 있는 것도 아니라, 실제의 구조였다.

따라서 주권도 그러했다. 인도가 독립하기 직전에 헌법제정위원회가 자신들에게 주권이 있다는 결의를 제출했을 때, 간디는 다음과 같이 답했다.

어떤 조직체가 스스로 주권적인 조직체라고 주장하는 것만으로 그렇게 되는 게 아닙니다. 주권자라고 생각하면, 주권자다운 행동을 하지 않으면 안됩니다. 요하네스버그 트리가(街)의 세 명의 재단사는 자신들이 주권적인 조직체라고 주장했습니다. 그러나 아무것도 되지 못했습니다. 바보 같은 흉내밖에 안되었습니다.

— Louis Fischer, *The Life of Mahatma Gandhi*, Harper and Row, 1950, 298쪽

즉, 주권이라는 것은, 획득하는 것도 글로 쓰는 것도 요구하는 것도 아니고, 행하는 것이라는 것이다. 주권자다운 행동을 한다면 주권자가 된다는 것이다. 1922년의 재판 때, 간디는 '가장 엄격한 처벌'을 적극적으로 환영함으로써 재판관 = 국가로부터 주권을 빼앗았다. 인도에서는 '위대한 재판'이라고 하는 이 재판은, 수십 년 후에 인도가 대영제국으로부터 주권을 빼앗게 된 것과 밀접한 관계를 가지고 있다.

간디의 최후의 희망, 즉 인도의 마을이 중앙정부로부터 주권을 탈환해야 한다는 원망(願望)은 아직 실현되지 않고 있다. 일본을 포함해서 주권재민의 원리에 기초한 헌법을 가진 국가들에서, 그 주권재민의 원리가 추상적이 아니라 구체적으로 시민사회에 의한 주권=권력 장악을 위한 움직임으로 발전한다면, 간디의 헌법 사상은 금후 계속적인 싸움의 지침이 될 것이다.

맺음말

나는 이 논문을 인도 국내에서 발전사회연구소(CSDS) 이외의 곳에서도 발표할 기회를 가졌다. 그리고 호의적인 반응도 있었지만 (놀라운 일은 아니지만) 강한 반발도 만났다. 특히 기억에 남는 것은 어떤 나이 든 남성이 내가 서양정치사상을 통해서 간디를 이해하려 하는 것에 대해서 강하게 반발했던 일이다. 그는 내가 마키아벨리를 참조한 것을 특히 비판하였다.

당신네 서양인들은 어째서 서양사상을 보편적인 것이라고 생각하는가, 어째서 서양사상으로써 세계의 모든 현상을 무엇이라도 분석할 수 있다고 당연한 것처럼 믿고 있는가, 유럽의 사상은 편파적인 것이다 — 그것은 유럽에 한정된 것이다, 간디는 바로 그 유럽 사상계에 대해서 반발하여 그것으로부터 인도를 해방하려고 했다, 당신이 인도까지 와서 간디를 유럽 사상으로 분석하고자 하는 것은 방법론적인 잘못일 뿐만 아니라

오만하다고 생각하지 않는가, 라는 비판이었다.

유감스럽게도 지금 내 손에 그가 했던 말을 녹음한 것은 없기 때문에, 여기에 기재한 것은 그의 정확한 발언은 아닐 것이다. 그러나 내가 들었던 것은, 혹은 내 기억에 남아 있는 것은 대개 그런 취지의 말이었다. 이것은 대단히 중요한 질문이고, 따라서 답하지 않으면 안된다.

그러나 대답을 하기 전에 말해두고 싶은 것은, 이것은 1980년대에 유행했던 '아시아적 가치론'의 흥미로운 변종이라는 점이다. 당시 그 논리는 대체로 인권운동가에 대한 비판의 형태를 취하고 있었다. 언론이나 결사의 자유를 제한하고 기소 절차를 생략한 감금, 계엄령 등을 허용하고 있는 아시아 여러 나라의 법률에 대해서 항의하는 사람들은, "아시아 문화에 어울리지 않는 서양적 가치관을 무리하게 도입하고 있다"고 비판받고 있었다. 특히 본부가 서양에 있는 '국제앰네스티'나 '인권감시기구'와 같은 조직은 자민족 중심이며 신식민주의적이기도 하다는 비판을 받았다.

이 논리를 가장 강하게 주장한 사람들, 예를 들어, 말레이시아의 마하티르 모하메드나 싱가포르의 리콴유는 서양적 사고방식을 도입하느냐 마느냐에 대해서 엄격하다고 흔히 얘기되었다. 즉, 두 사람 모두 기꺼이 근대적인 관료조직, 세금제도, 경찰이나 군대, 감금제도, 감시제도 등에 뒷받침된 근대국가의 수장이 되었다. 그리고 두 사람 다 자본주의적 경제발전을 기꺼이 권장했다. 이 두 개의 괴수(怪獸), 즉 '정당한 폭력을 독점하고 있는' 근대국가와 산업자본주의는 명백히 서양에서 발생한 것이다. 만일 '인권'도 서양의 발명품이라면 그것은 사람들을 이 두 개의 괴수로부터 (어느 정도) 보호하기 위한 것이었다. 마하티르식의 사고방식, 즉 "이 두 개의 괴수는 '아시아적 가치관'에 대한 공격은 아니지만, 그 괴수들로부터 (어느 정도) 사람들을 보호하기 위한 인권이라는 것은 '비아시아적'이다, 따라서 위험한 것이다"라는 것은 아무래도 괴상한 논리이다.

이와 같은 배경에서 볼 때, 내가 마키아벨리의 사상을 참조한 것이 아시아의 문맥에 서양사상을 부적절하게 끼워 맞춘 것이라는 비판은 흥미롭다. 즉, 그것은 예전의 '아시아적 가치관론'을 역전시킨 논리이기 때문이다. 마하티르와 리콴유는 인정하지 않을 테지만, 마키아벨리는 그들로서는 가장 받아들이기 쉬운 사상가의 하나였다. 그것이 실제로 어떤 것이건 마키아벨리의 원칙에 기초한 근대국가를 받아들인 이상, 그들이 마키아벨리를 받아들인 것은 틀림없는 사실이라고 할 수 있다.

그러나 이 '부적절'하다는 비판에 어떻게 답할 수 있을까. 서양 정치사상은 물론 만능이지도 않고, 보편적인 것도 아니다. 그러나 나는 어찌됐든 그 가운데서 학문적 훈련을 받은 자이며, 그것을 편리한 방법론으로 이용하여 정치현상에 대하여 유익한 통찰을 제공하는 일을 해왔다고 답해야 할 것인가. 혹은, 간디 자신이 서양의 사상가들로부터 배우는 것을 조금도 두려워하지 않았다는 것을 지적해야 할 것인가(간디의 저술에는 플라톤, 맑스, 소로, 러스킨, 톨스토이, 메인 등의 이름이 보인다. 그러나 간디가 마키아벨리를 언급한 일은 없는 게 확실하다).

그러나 이것은 추상적이며, 이 논문의 방법론과는 별로 관계가 없는 답변방식이다. 특히 '어째서 마키아벨리인가?'라는 물음에 대한 답은 아니다. 이 물음에는 몇 가지의 서로 관련된 답이 있다.

우선 첫째 나를 비판한 사람이 말하듯이 간디에게 서양사상에 대한 깊은 비판이 있었다고 한다면, 마키아벨리야말로 간디가 부정하려고 한 사상의 축도였을 것이다. 마키아벨리는 '국가'라는 특수한 조직에 관한 최고급의 이론가이다. 그의 위대한 《군주론》은 국가의 논리에, 특히 새로운 국가의 창립 혹은 오래된 국가의 재편 과정에 관해서 가장 정직하고 계몽적인 분석을 제공했다고 말할 수 있다.

간디는 그 국가의 논리를 부정했다. 따라서 (그 이름을 직접 거론하지 않았더라도) 마키아벨리를 부정했다고 말할 수 있다. 그러나 그렇다고 해서 간디는 마키아벨리의 사상과 관계가 없다는 뜻은 아니다. 사람이 무엇인가를 부정하는 경우, 그것으로써 그 부정되는 것과의 관계가 발생하는 것이다. 사람의 사고방식에는 무엇인가를 부정함으로써 형성되는 부분이 있다. 사람의 마음을 알려고 한다면 그 사람이 애써 부정하고 선택하지 않았던 것을 살펴보는 것도 하나의 방법일 것이다.

간디는 거의 모든 정치가가 유일한 것이라고 믿어서 택한 길을 택하지 않음으로써 세계를 놀라게 했다. 따라서 그러한 간디에 관련해서 이 방법은 특히 타당할 것이다. 마키아벨리적인 논리는 바로 간디의 세계의 일부였다. 이것은 추상론이 아니다. 인도를 통치한 식민지정부는 서양식 정치조직이며, 마키아벨리적 논리는 그 가운데서 작동하고 있었다. 이 기본적으로 폭력적인 정부 밑에서 간디는 비폭력을 선택했던 것이다.

만일 마키아벨리의 《군주론》이 권력을 가진 정치 지도자가 국가를 창립하는 과정을 묘사하는 위대한 고전이라고 한다면, 20세기는 틀림없이 마키아벨리의 세기였다. 세계 모든 나라에서 마키아벨리의 '군주'상에 부합하는 사람, 즉 재기가 넘치고, 대담무쌍하고, 원기발랄하며 때로는 편의주의와 잔혹함을 드러내는 데 주저하지 않는 리더 밑에서의 운동이 식민지 괴뢰정권이나 전통적인 정권을 전복시켜왔다. 그러한 창립자 중에서 간디만이 마키아벨리의 각본에 따르지 않았다. 간디는 재기가 넘치고 대담하며 원기발랄했지만, 편의주의와 잔혹함과는 명확히 거리를 두었다.

결국 인도 국민회의가 창립한 국가는, 경찰도 있고 군대도 있고 계엄령을 허용하는 헌법 조항도 있는 보통의 국가, 즉 마키아벨리의 사상과 전혀 모순되지 않는 것이 되었다. 그리고 이러한 국가를 창립하기 위해서는 아무래도 폭력이 필요하다고 마키아벨리는 믿었다. 폭력은 편의상의 수단일 뿐만 아니라 국가의 불가사의한 성격을 국민에게 각인시켜주기 위한 일종의 인신공희(人身供犧)를 위해서도 필요한 것이었다.

간디의 영향 밑에서 인도라는 독립국가는 거의 비폭력적으로 성립될 수 있었다. 그러나 국민회의가 '비폭력 독립운동'의 단계로부터 '보통의 폭력국가'로 이행하는 데에는 역시 인신공희(人身供犧)가 필요했다. 그때 제물로 바쳐진 것은 거기에 가장 잘 어울리는 바로 그 인물이었다. 즉, 그 비폭력운동의 지도자 자신 말이다.

마지막으로, 발전사회연구소가 나를 선임교수로 불러준 덕택에 이 연구가 가능했다는 점을 밝힌다. 연구소 스태프 전원, 특히 당시의 소장 스렛슈 샤르마 교수에게 감사한다. 연구소의 아시시 난디, 캘리포니아 주립대학의 R. 제프리 러스티그, 역사가 F. J. 바데키는 이 연구의 초고를 읽고 조언을 해주셨다. 그리고 이 책을 정확하고 읽기 쉬운 일본어로 만드는 데에 지넨 우치(知念ウシ)의 공헌이 컸다. 감사하게 생각한다.

부록 | 적극적 평화?

"무력으로 평화를 성취하는 것은 불가능하다"라는 것은, 평화운동가들이 흔히 입에 담는 말이다. 그러나 그것은 평화에 관한 전통적인 사고방식과 모순되며, 엄밀히 말하면 정확하지도 않다. 군사력에 의해서 성립할 수 있는 평화가 있기 때문이다.

아마도 세계인들의 과반수, 그리고 틀림없이 세계의 정치가나 정치학자 대부분은 그러한 평화가 유일하게 실현 가능한 평화라고 믿고 있을 것이다. 그 생각은 어리석은 것이 아니고, 간단히 논파할 수 있는 것도 아니다.

정전론(正戰論)의 창시자라고 평가되고 있는 아우구스티누스(354-430)가 말한 바와 같이, 모든 전쟁의 목적은 평화이다. 그리고 일방의 승리이든 강화조약이든, 어느 방법에 의해서든 결국 평화가 재정립된다. 인류사 대부분의 기간, 그리고 지금 현재 이 세계에 살고 있는 사람들 대부분에게 있어서는 그것이 평화의 정의(定義)이기도 하다. 평화는 강화조약에 의해서 확보되는 것이며, 강화조약은 전쟁을 끝내기 위해서 맺는 것이다. 즉, 평화는 전쟁에 의해서 만들어지고, 군대나 경찰, 기타 국가 폭력 기구에 의해서 보호를 받는 사회상태라고 말할 수 있다.

일본 겐큐샤(研究社) 영일(英和)사전의 'pacify'에 대한 정의는 매우 흥미롭다. 즉, "② [나라를] [무력에 의해서] 평온한 상태로 돌린다, 평정한다, [나라]의 평화를 회복한다; [점령지의 폭도 등을] 진압한다." 다시 말해서, 평화란 전쟁과 전쟁 사이의 시간이며, 평화운동가의 과제는 그 시간이 가급적 오래 지속되도록 하는 것이 된다. 이 사고방식에 따르면, (일본국 헌법 제9조에 상정되어 있는 것처럼) 군사력을 폐지하는 것은 평화를 확보하는 방법도 아무것도 아니다. 오히려 평화를 보증하는 것을 파괴하고, 그럼으로써 최악의 전쟁상태를 불러오는 것이 된다.

일본의 평화연구자나 평화운동가들에게는 이와 같은 사고방식을 무신경, 무감각, 위선적, 부도덕한 태도라고 부정해버리는 경향이 있다. 그러나 이 사고방식은 '죽음의 상인'이나 전쟁 도발적 정치가만이 아니라 유엔헌장을 비롯한 국제법의 중심을 이루고 있다. 세계연방정부를 만들려고 하는 사람들도 이 사고방식을 (의식적이든 무의식적이든) 전제로 하고 있다('세계정부'의 실력은 각국의 군사력을 결집한 힘으로써 생겨날 것이다). 마찬가지로, 국제형사재판의 지지자들도 정전론(正戰論)을 전제로 하고 있다('전쟁범죄'가 존재한다면 범죄가 아닌 전쟁행위, 즉 정전(正戰)도 존재해야 하기 때문이다). 다시 말해서, 이 평화론을 용인하는 사람들 가운데는 선의를 갖고 진지하게 생각하려고 하는 많은 사람들이 포함되어 있는 것이다.

평화학자는 이 평화론을 '소극적 평화'라고 부르고, '적극적 평화'와 대비시킨다. '적극적 평화'라는 것은 국가폭력의 위협으로 유지되는 게 아니라 분쟁의 원인이 된 사회문제를 해결함으로써 자연히 성립하는 평화로 정의된다. 만약에 경제적 부정이 없어지고, 군국주의적 민족주의도 소멸되면, 분쟁의 근거는 사라지고, 평화는 국가권력에 의해 강제되는 것이 아니라 인간사회의 상식적인 상태가 된다. '적극적 평화'는 예외적 상태·비전(非戰) 상태만이 아니라 그 '예외적' 상태·비전 상태가 관습적으로 '자연스럽고 당연한 것'으로 존재하는 상태이다. 폭력을 휘두르면 더 큰 폭력으로 처벌되는 것이 아니라, 폭력 자체가 존재하지 않는 상태인 것이다.

'소극적 평화'는 합법적 살인권을 하나의 조직에 집중시킴으로써 확보하는 상태이다. 즉, 일정한 지역 내에서 다른 조직이나 그룹이 저항하지 못하도록 압도적인 힘을 갖는 조직이 있다면, 그 지역에서는 조직적 폭력이 줄어든다는 것이다.

홉스가 지적했듯이, 그와 같은 상황을 달성하는 데는 두 종류의 방법이 있다. 하나는 사회계약, 즉 모두가 '정당한 폭력의 독점'을 국가에 맡기는 것에 동의하는 계약을 맺는 방법이다. 또하나는 정복, 즉 저항할 힘이 있는 조직을 국가가 모두 파괴하여 '정당한 폭력의 독점'을 획득하는 방법이다. 이 법칙은 오늘날에도 유효하다. 현재의 국가는 모두 사회계약에 기초해 있는 게 아니고, 국가와 국민 사이의 전쟁 – 국가가 스스로를 창립하는 가장 원시적인 전쟁 – 이 계속되고 있는 나라도 많다(국가 군사력의 제1차적인 상대는 자국민이며, 외국인은 제2차적이라는 데 생각이 미치지 않는 사람이 많을 것이다).

이와 같이 국내의 소극적 평화는 국가폭력에 의해서 달성되고 있다. 국제간의 소극적 평화는 상호 공포(국제관계학 용어로 '힘의 균형'이라고 한다, 핵의 시대가 되면 '공포의 균형'이 된다)에 의해서 간신히 지켜지는 것도 있다. '지켜진다'라는 것은 전쟁과 전쟁 사이에 평화로운 시간도 있다는 의미이다. 본격적인 소극적 평화를 세계적 규모에서 획득하려고 하면, 어떤 나라도 연맹도 저항할 수 없을 만큼 압도적인 권력을 갖고 있는 거대한 조직이 필요하다. 그것은 세계적 규모에서의 사회계약, 즉 국제조약에 의해서 완성되는 것이 원칙적으로는 가능하다. 유엔을 실질적인 세계정부가 되도록 확대하려고 하는 사람들은 이러한 방식을 생각하고 있을 것이다. 그렇지 않고 어떤 국가가 모든 라이벌을 파괴할 수 있을 정도로 강하다면, 고대 로마의 모범에 따라 세계적 규모의 소극적 평화를 강제하는 것도 원칙적으로 가능하다. 이것이 현재 미국정부가 하려고 하는 것이다.

로마가 브리타니아를 침략했을 때, 저항하던 브리타니아 지도자의 하나였던 칼가쿠스는 자신의 연설을 다음과 같은 유명한 말로 끝을 맺었다. "그들은 사막을 만들어놓고, 그것을 평화라고 부른다." 그러나 소극적 평화는 반드시 사막을 만들어 놓는 것만은 아니다. 사람들이 타협에 길들여지면 조용한, 경우에 따라서는, 풍요로운 생활을 할 수도 있다. 아무도 저항하지 않으면 감옥 속의 생활도 평화적인 것으로 보일 것이다.

적극적 평화라는 것은 죽일 권리를 다수자한테서 빼앗아서 소수자에게 넘겨준 상태가 아니라 죽일 권리가 어디에도 존재하지 않는 상태이다. '정당한 폭력'의 권리를 갖는 조직은 존재하지 않는다. 모든 국가공무원은 군대도 포함해서, 일반시민과 동일한 윤리적·법적 원칙에 따를 의무가 있다. 물론, 그것은 군대가 군대 아닌 것이 된다는 의미이다(경찰까지 포함하면 독자의 상상력을 넘을 염려가 있기 때문에 이 글에서는 경찰의 문제는 일단 제외한다).

'적극적 평화'란 군대가 없는 상태

군대가 없는 상태는 일본에서 실현될 수 있을까. 확실히 일본국 헌법 제9조에는 그렇게 규정되어 있다. 또한 지금 현재의 일본 자위대는 완전히 군대조직으로 되어 있는 것은 아니지만, 미일안보조약에 의해 일본은 미 군사력에 종속되어 있을 뿐만 아니라 미 군사력의 지배하에 놓여있기도 하다(물론 그 지배는 거의 눈에 띄지 않게 되어 있다. 노골적으로 보이는 곳은 오키나와와 나가다초(永田町 : 일본 국회, 총리공관 등 국가 중추기관이 모여 있는 장소) 뿐이다).

반대로, 군대를 완전히 폐지하는 것은 거의 상상 불가능할

만큼 어려운 것이라고 생각하는 독자가 있을 것이다. 나도 그 중 하나이다. 그래서 이 글에서는 군대라는 것은 대체 무엇인가를 다시 검토해봄으로써 '적극적 평화'를 이룩하는 일, 즉 군대를 없애는 일을 조금 상상 가능한 것이 되게 하고 싶다.

군대란 전쟁을 하는 조직인 것만은 아니다. 아이젠하워가 미국 대통령 퇴임연설에서 '군산복합체'의 위험성에 대해 경고한 것은 유명한 일이다. 그 경고는 중요하지만, 군대가 시민사회에 침투하는 것을 '이미 하고 있는 기정사실'이 아니라 '지금부터 할지 모르는 위험성'이라고 말한 것은 문제가 있다. 왜냐하면 서양식 국가에 있어서 군대는 단순히 정부의 지배하에 있는 정부기관인 것만은 아니기 때문이다. 군대는 경제적, 정치적·법적 그리고 전통을 담당하는 문화적인 존재이기도 하다. 그러한 군대의 여러 측면을 아래에서 살펴보자.

경제적 존재로서의 군대

군대의 경제적 기능은 역사를 통해서 변화해왔다. 로마공화국 그리고 로마제국 지배하에서 로마군은 정복한 도시를 약탈하고, (노예를 포함한) 약탈품을 취하고, 정복한 민족으로부터 공물(貢物)을 빼앗아 나라의 경제에 이바지했다. 오히려 그것이 로마 경제의 핵심이었다고 말하는 쪽이 정확할지도 모른다. 아우구스티누스가 제국과 강도단 사이에 무슨 차이가 있는가라고 물었을 때, 그것은 로마제국을 가리켰다. 로마제국 최후의 단계에서는 로마 시민들은 일하지 않고 (전쟁에서 뺏은) 노예의 노동과 정복한 민족들의 공물에 거의 완전히 의존해 있었다. 그것이 로마제국의 몰락에 크게 공헌한 것은 유명한 이야기이다.

식민지시대에 서양과 일본의 군대는 다른 나라들을 지배하여 각 식민지의 토지와 인간에게서 부를 거둬들이도록 재조직하기 위해서 실력을 행사했다. 제2차 세계대전 뒤 유엔이 창설되고, 19세기형 직접식민지 지배가 국제법에 의해 금지되었다. 그러나 이 불평등한 경제제도가 공평한 제도로 바뀐 것은 아니었다. '경제성장'이라고 이름이 바뀌었지만, 내용은 바뀌지 않고, 정체가 쉽게 드러나지 않게 되었을 뿐이다. 최근에는 '세계화(globalization)'라고 다시 새로운 이름이 붙여졌지만, 세계 전역에 걸쳐 부를 빈곤지역에서 부유한 지역으로 빼아가는 일은 변하지 않았다. 부유한 국가의 군대(많은 빈곤국의 군대도 그렇지만)의 중요한 기능은 이 착취제도를 유지하고 방위하는 것이다.

동시에 병사(兵士)의 육성을 위해서는 공물에 의존하는 것을 그만두고 그 대신 임금제도가 만들어졌다. 그 때문에 군대 자체가 중요한 경제기구가 되었다. 특히 미국에서는 군대는 자본주의 경제제도가 몰락하지 않도록 마련된 숨겨진 장치가 되어 있다. 1930년대의 대공황에 대응하여 미국의 뉴딜 정권은 케인스 경제학을 채택할 의도였지만, 나라의 경제를 불황으로부터 건져 올릴 수 있을 만큼 충분한 공적 자금을 쓸 정치적 의지를 갖지는 못했다. 경제를 회복시킨 것은 뉴딜정책이 아니라 1941

년 이후의 군사비 지출이었다. 뉴딜정책이 한창 시행되던 때 공공사업 촉진국 밑에서 800만 명이 일을 하고 있었다. 그러나 제2차 세계대전이 끝날 단계에서는 그 정도 숫자의 군대 이외에, 군수산업에 수백만 명이 종사하고 있었다. 그 이후 현재까지 미국정부는 명분을 바꿔가면서 일관되게 전쟁경제를 계속하고 있다.

그 군대의 경제적 역할은 굉장히 크고, 특별한 것이기도 하다. 수백만 명의 병사들은(그 가운데는 군인이 아니면 실업자가 되어야 할 사람들이 많다) 아무런 생산적 노동을 하지 않음에도 불구하고 국민이 낸 세금으로부터 급료를 받고 있다. 그리고 드문 예외를 제외하면, 어떠한 사회적 가치도 없는 것을 개발·생산하기 위해서 수십억 달러나 되는 국민의 세금이 군수산업으로 들어가고 있다.

전쟁과 전쟁준비는 소수의 이른바 '죽음의 상인'을 부유하게 만드는 것만은 아니다. 전쟁과 전쟁준비는 세계경제시스템의 불가결한 요소이다. 제품의 '계획적 진부화(planned obsolescence)'에 의해서만 파산을 면하는 기업이 많다는 것은 잘 알려져 있다. 즉, 쉽게 고장이 나도록 한다든지 혹은 모델을 변경함으로써 상품을 오래 사용할 수 없게 고의적으로 만드는 생산방식 말이다. 그렇지 않으면 장사가 안된다는 것이다. 만약에 자동차회사가 60년간 쓸 수 있는 차를 생산한다면(물론 그것은 가능하다) 자동차 매상은 오르지 않을 것이다. 그 때문에 단 몇 년밖에 쓸 수 없는 자동차를 생산한다. 마찬가지로 튼튼하게 지어진 집은 수백 년이나 갈 수 있지만(일본의 오래된 농가를 보라), '하우스'라든가 '홈'을 대량생산하고 있는 회사는 소비재로서의 주택, 즉 수명이 고작 20년밖에 안되는 주택을 짓는 것이다.

다시 말해서, 자본주의경제는 생산하는 제도라기보다 생산과 파괴(경제학 용어로는 '소비')의 순환에 기초한 제도이다. 자동차나 냉장고나 주택은 요긴한 소비재이기 때문에 한번 사면 되는 게 아니라, 가까운 시일 안에 파괴되어 다른 것을 사지 않을 수 없도록 만들어야 하는 것이다. 이런 맥락에서 볼 때, 군수비용, 특히 전시의 군수비용이 경제에 이바지하는 공헌은 명확하다. 자동차가 자멸하는 데는 평균 10년 이상 걸리는 것에 비해서, 폭탄이나 미사일은 자멸 이외에는 아무 기능이 없고, 전시라면 조립라인에서 나와서 몇주 이내에 파괴되는 것도 있다. 게다가 폭발할 때는 자신 이외의 것(빌딩, 도로, 교량, 공장 등)도 폭파한다. 따라서 전쟁이 계속되고 있는 동안 거의 순간적으로 '소비'되는 군사용 물품을 생산함으로써 엄청난 돈을 벌 수 있고, 전쟁이 끝나면 그 군사용 물품에 의해서 '소비'된 공장, 주택, 항만 등을 재건축함으로써 다시 엄청난 돈을 벌 수 있다.

오키나와의 경제는 군사기지에 종속되어 있다고 흔히 말하지만, 그것은 빙산의 일각에 지나지 않는다. 미국 경제 전체, 나아가 세계경제 자체가 "군사기지에 종속되어 있다." 다시 말해서, 군사비용과 전쟁에 의한 '조속한 소비 상황'에 종속되어 있는 것이다. 이 비생산적인 비용의 지출 없이는 서양의 지배하에 있는 세계경제시스템은 1929년의 상태로 되돌아갈 것이 틀림없다.

그리고 군대조직은 다른 경제조직과 마찬가지로 자신의 상품에 대한 수요를 적극적으로 만들어내지 않으면 안된다. 문제는, 군대의 유일한 상품은 전쟁이라는 사실이다.

전후 일본의 경제성장은 자본주의시스템 밑에서 평화경제가 가능하다는 것을 실증했다는 설(說)이 있다. 전후의 고도 경제성장 시대에 군수산업과 군사비 지출이 없었던 것은 아니지만 상대적으로 적었던 것은 확실하다. 일본의 경제제도는 미국과 달리 자유시장주의가 아니라 공적 지출과 정부, 주로 통산성에 의한 관리가 큰 역할을 해온 것은 잘 알려진 사실이다(물론 전후 일본 경제의 부흥에 계기가 된 것은 한국동란이었다는 것을 잊어서는 안되지만).

군사비 지출과 군수산업에 대신할 만큼의 공적 지출을 할 의지가 정부에 있다면 확실히 자본주의하에서 평화경제는 가능할지도 모른다. 그러한 의미에서 오늘날 일본정부가 자유시장주의로 전환하여 민영화를 추진하는 것과 동시에 '전쟁이 가능한 나라'로 가려고 하는 것은 우연한 일이 아닐 것이다.

정치적·법적 존재로서의 군대

현재의 국가 중에는 군(軍)이 통치(행정)기관이 되어 있는 나라가 많다. 그러나 주권재민의 원리에 기초해 있다는 공화국에서도, 법적으로는 군대가 민간정부의 통제(civilian control)하에 있다는 나라에서도, 실은 군대가 민간정부와 나란히 또하나의 행정기관이 되어 있다. 여기에는 몇 가지 측면이 있다.

첫째, 군대는 병사를 통치하는 조직이라는 점이다. 영어 'regiment(연대)'의 본래 의미는 '사람, 민족 혹은 나라에 대한 통치나 정부'였다(옥스퍼드영어사전). 1768년 영국의 법학자 블랙스턴은 군대를 '관할구역'이라고 불렀다. 합리적·법적 관료조직의 원형이라고 할 수 있는 군대조직은 사람을 계급(병졸에서 대장까지)으로 정리할 뿐만 아니라 군단(분대-소대-중대-대대-연대-사단 등)으로도 정리한다. 그렇게 되면 최고사령관과 최하위 병졸이 명령계통에 따라 연결되고, 후자의 행위는 밤이나 낮이나 감시·관리된다.

이 통치는 일반시민을 통치하는 데 필요한 법과는 별도의 법제도에 기초한다. 그 군사법제도에는 행동의 자유는 없다. 위로부터의 요구는 명령이며, 그것에 따르지 않으면 범죄가 된다. 사회적 평등도 없다. 계급은 법에 따라 정해지며, 자신의 계급에 적절하지 않은 행동을 하는 사람(예컨대 상관한테 경어를 쓰지 않는 사람)은 감옥에 들어가기도 한다. 그리고 병사들에게는 보통의 노동자가 갖는 권리도 없다. 단체교섭을 하려고 하면 '반란'으로 취급되고, 하던 일을 그만두려고 하면 '탈주'로 취급된다. 그러나 일반시민에게는 없는 권리가 병사에게는 있다. 그것은 전쟁터에서 사람을 죽일 권리이다.

둘째, 군대조직 자체는 자국 내의 관할구역만이 아니라 외국인을 통치하는 새로운 관할구역을 만들려고 하는 경우도 있다. 즉, 군대는 전쟁을 통해서 외국과 그 국민을 자기 정부의 통치하에 두려고 한다. 물론 유엔 헌장은 옛날과 같은 영토확장 전쟁은 금지하고 있다. 그러나 1945년 이래 모든 전쟁은 어떤 지역에서의 어떤 국가의 관할권을 파괴하고 별개의 관할권으로 변경하고자 하는 '통치를 노린 전쟁'이든가, 혹은 상대방 국가에 자국의 정치적 요구를 강요할 목적을 가진 '부분적 통치를 위한 전쟁'이었다. 이것은 클라우제비츠의 "전쟁은 또다른 방법으로 행하는 정치다"라는 발언이 의미하는 것이기도 하다.

셋째, 군대에는 자국민을 직접 통치하는 능력(많은 국가에서는 작전계획)이 있다. 계엄령(=유사법제(有事法制))은 모든 시민이 병사들과 같은 통치시스템에 들어간다는 것을 의미하지는 않는다. 그러한 것이 만약에 실현된다면 일종의 전체주의가 될 것이다. 계엄령하에서는 통상적인 법제도가 동결되고 시민들은 군대에 의해 통제된다. 다시 말해서, 정복된 민족처럼 취급된다는 의미이다. 구체적으로 어떤 형태가 되는가는 경우에 따라 – 군사령관의 요구와 군대와 시민들의 상대적 힘에 따라 – 다를 것이다.

계엄사령관은 예를 들어, 교통법을 동결하는 것보다는 범죄용의자의 권리를 지키는 법률을 동결하는 쪽에 흥미가 있을 것이다. 보통 계엄령의 목적은 계엄령 정권이 꺼려하는 사람들을 체포하거나 처벌할 수 있다는 데 있다고 할 수 있다(예를 들면, 현재 쿠바의 관타나모 미군기지에는 아프가니스탄에서 체포된 600여명이 감금되어 있다. 그들은 극단적인 계엄령 통치를 받고 있다고 말할 수 있다. 즉, 재판도 없고 석방도 없는 상태, 인권이 전혀 존재하지 않는 구역인 것이다). 그러나 계엄사령관의 기분에 따라서는 교통법의 동결도 가능하다. 기본적으로 계엄 상황은 정치 이전, 법 이전, 즉 정부와 인민 사이의 원시적 전쟁상태로의 '회귀'를 뜻하는 것이기도 하다(말할 것도 없이, 주권재민설에 의거하면, 인민에게는 그러한 정권에 복종할 의무는 전혀 존재하지 않는다. 의무는 공포로부터 생겨나는 것이 아니다).

군대는 어째서 강한가

군대조직은 어째서 강한가? 물론 늘 이기는 것은 아니다. 전쟁에서 승리하는 군대가 있으면 반드시 패배하는 군대가 있기 마련이다. 성공할 확률 5할, 별로 높지 않다. 그러나 군대조직에 있어서 결정적인 것은 일반시민들에 대한 우월성이다. 그 우월함에는 세 가지 측면, 즉 자산과 설비(무기), 조직과 훈련 그리고 국가에 의한 정당성의 보장이 있다.

자산과 설비에 관해서는 특히 현대의 강대국 군대의 경우 말할 필요가 없을 것이다. 그것은 거대한 부를 차지하고 있고, 방대한 수의 병사를 기르는 것이 가능하다. 칼, 창, 활과 시위로 전쟁을 했던 시대와는 다르다.

그러나 옛날에도 어떤 시대건 군대에는 조직과 훈련에 의한 우월함은 있었다. 영어로 군사훈련은 'drill'인데, 원래의 의미는 빙글빙글 돌린다는 뜻이다. 'drill'은 목수가 나무에 구멍을

내기 위해 사용하는 추(錐)나 드릴도 의미하지만, 선반(旋盤)으로 깎는다는 의미도 있다. 군사훈련에서는 병사를 빙글빙글 돌려 튀어나온 부분이나 특징적인 것을 깎아버리고 '균질(uniform)'한 병사로 만든다(영어 'uniform'은 '균질'이라는 뜻도 있고 '제복'이라는 뜻도 있다). 이 훈련에서는 전쟁에 관한 전문지식을 배울 뿐만 아니라 훈련을 통해서 연대감이 조성된다. 여기서 군대조직의 힘이 생겨난다('soldier' [병사] → 'solidarity' [연대]). 병사는 나란히 정렬해서 훈련을 받는데, 육상전(陸上戰)에서는 대열이 흐트러지면 패배한다. 일반시민들에게는 처음부터 대열은 없다.

군대조직이 우월함을 가질 수 있는 세 번째 원인은 국가로부터 부여되는 정당성이다. 병사는 아무리 많이 사람을 죽여도 법적으로도 윤리적으로도 살인범으로 취급되지 않는다는 것을 알고 있다. 따라서 병사는 윤리적인 의문 혹은 처벌될지도 모른다는 공포를 느끼지 않고 사람을 죽이고, 밤에는 잘 자고 다음날 또 사람을 쉽게 죽인다. 특히 일반시민들과 싸울 경우, 이것은 꽤 큰 이점(利點)이다(물론 실제 전쟁에서는 상관에게 걱정하지 말라고 하면서도 잘 자지 못하는 병사가 있다).

군대조직은 무엇을 하는가

이 의문에는 두 가지 측면이 있다. 즉, 군대조직이 (전쟁법과 관습에 따를 때) 해야 할 것 그리고 실제로 하는 것, 이 두 가지이다. 달리 말하면, 대열에서 낙오하지 않았을 때 하는 행동과, 승리 후 대열이 흐트러졌을 때 하는 행동의 차이이다.

군사행동이 갖고 있는 이 두 가지 얼굴은, 15세기 영국의 프랑스 침략을 다룬 셰익스피어의 연극《헨리 5세》속에 훌륭하게 묘사되어 있다.

그 연극에는 1415년의 아쟁쿠르(Agincourt) 전투 장면이 그려져 있는데, 이 묘사는 역사적으로 꽤 정확하다고 얘기되고 있다. 이 장면에서 양쪽 군대는 큰 축구팀처럼 넓고 평평한 그라운드와 같은 들판의 양쪽에 대열을 짓고 서 있다. 전쟁터에는 비전투원은 없다. 전투는 새벽에 시작되어 날이 저물기 전에 종료된다. 양쪽 군대는 전쟁법에 유의하여 싸우지만, 프랑스군이 '반칙'을 범하자(영국군의 장비를 지키는 비무장 청년들을 살해했다), 영국의 헨리 왕은 프랑스 측에 페널티를 준다(포로로 잡혀있던 프랑스군 병사를 죽이도록 명령한다). 들판의 한쪽 언덕 위에서 프랑스와 영국의 전령들(그리고 호기심에 끌린 마을사람들)이 보고 있는 가운데 프랑스의 사자(使者)가 심판과 같은 역할을 하며 영국의 승리라고 헨리 왕에게 알려준다.

이 싸움은 정전(正戰)의 원형의 하나로 평가되고 있다. 결투와 마찬가지로 법적으로 죽여도 좋다는 것은 전투의 상대방에게 한정되어 있다. 그리고 영국 측이 승리한 것이 명확해진 단계에서 그날의 전투는 끝난다.

그러나 같은 연극 속에는 영국군의 하플레르(Harfleur) 포위공격에 관한 잊을 수 없는 묘사도 있다. 영국군이 승리하기 직전 단계에서 영국왕 헨리는 하플레르 시장에게 선택권을 준다.

지금 항복하면 시민의 안전을 보장한다. 항복하지 않으면,

하플레르가 스스로의 잿더미에 파묻혀버릴 때까지
중도에 그만두지는 않을 것이다.
자비의 문들은 모조리 닫힐 것이며
피에 굶주린 거칠고 사나운 병사들이
양심은 깡그리 내팽개쳐버리고
너희의 청순한 처녀들과 봉오리 같은 아기들을
풀을 베듯 베어버릴 것이다.
이 불경한 전란이 악마의 왕자처럼 화염에 휩싸여
그 더러운 형상으로 귀중한 것들을 모조리
파괴하고 도륙을 낸다 한들
그게 나와 무슨 상관이 있을까?
너희의 순결한 처녀들이 맹렬히 날뛰는 정욕의
손아귀에 떨어진다면, 그것은 그대가 자초한 일,
내 알 바 무엇이겠는가?
방종한 사악함이 맹렬한 기세로 비탈을 뛰어 내려갈 때
어떤 고삐가 있어서 그것을 제어할 수 있을까?
약탈에 정신을 잃고 미쳐버린 병사들에게
내가 그만두라는 명을 내려 봤자
그건 고래더러 해변으로 올라오라는 것처럼
무익한 일일 터. 그러기에 하플레르 사람들이여,
아직 내 병사들을 내가 통제하고 있는 동안,
아직 냉정하게 절제된 은총의 바람이
살인, 약탈, 폭행의 독기로 오염된 구름을

불어 제치고 있는 동안,
너희 도시와 사람들에게 동정을 베풀라.
그렇지 않으면, 순식간에, 피에 굶주린 눈먼 병사들이
저 사악한 손으로, 비명을 지르는 너희 딸들의
머리칼을 더럽힐 것이다.
너희 아버지들은 은빛 수염이 움켜잡히고
늙은 머리가 벽에 부딪혀 박살이 날 것이다.
발가숭이 아기들은 창검에 꿰어지고
미쳐버린 어머니들의 비명 소리는
구름을 찢어놓을 것이다. 피에 굶주린 헤롯의 도살자들 앞에서
유대의 아낙들이 그랬던 것처럼.

전쟁이 이 단계가 되면, 전쟁법은 동결된다. 병사들은 사령관의 지휘로부터 해방된다(셰익스피어 연극에서는 그런 상황은 전개되지 않는다. 왕의 위협은 성공하여 시장은 항복한다). 옛 영어에서는 이것은 'military execution'(군사적 집행 혹은 군사적 사형이라고 번역될 수 있을지?)이라고 일컬어지며, 옥스퍼드사전에는 "나라를 약탈하고 파괴하기 위해서 병사들에게 (방종한 행동을) 허용한다"라고 정의되어 있다.

현재는 그런 행위는 국제법으로 금지되어 있고, 대부분의 국가의 군법에서도 금지하고 있다. 그 때문에 현대의 군대는 복잡한 상황에 처해 있다. 엄격한 규율 밑에서 전쟁이 전개되다가(전투원과 비전투원이 같은 공간에서 움직이는 육상전에서는 특히), 승리가 확실해진 단계에서는 승리한 군대는 자연히 흐트러져

서 난폭해진다. 그런 경향은 군대의 전통과 문화에 깊이 각인되어 있다. 그리고 위에서 든 예에서 본 것처럼, 그것은 효과적인 전술이기도 하다. 다시 말해서, 사령관은 병사들을 자신의 지휘로부터 '해방'시킬 것이라고 위협하든가, 혹은 때때로 해방시킴으로써 적에게 공포를 줄 수 있다. 그것이 현재의 국제법에 금지되어 있다고 해서 군사행동의 자연스러운 단계로서, 혹은 모든 (특히 육상의) 군대의 잠재능력으로서, 혹은 (경우에 따라 실행되는) 암묵적 위협으로서, 그것이 소멸되었다는 뜻은 아니다.

병사들이 난폭한 짓을 거침없이 행하는 군사행동이 유럽 역사에서 얼마만큼 이용되었는지는, 그것에 관한 영어 표현이 많다는 사실을 보면 이해가 된다. 예를 들어서, 'massacre'(학살), 'rapine'(약탈), 'laying waste to the countryside'(토지를 황폐케 하다), 'sacking a city'(도시를 약탈하다), 'taking spoils, booty, pillage, plunder, loot'(전리품, 강탈품, 난도질, 약탈) 등등이 있다(헨리 왕의 위협적 연설에서는 재물을 훔치는 것에 대해서는 언급이 없는 게 흥미롭다). 그리고 'rape'의 뜻에는 군사행동을 지칭하는 것도 있다. 즉, 'to rob, strip, plunder (a place)'(어떤 장소를 강탈, 약탈하다 – 옥스퍼드사전)라는 의미도 있다. 예를 들면, 남경(南京) 학살은 영어로 'the Rape of Nanking'이 된다. 그리고 셰익스피어가 정확히 기록했듯이, 군사적 약탈행위의 일부로서 실제로 여성에 대한 강간도 행해져왔다. 그런 행위는 역사적 기록이 남아있는 가장 오래된 전쟁에서도 보이고, 근현대의 전쟁에서도 볼 수 있다.

군대는 누구를 죽이는가

병사의 전문적 일은 사람을 죽이는 것이다. 사람을 죽이기 위해서 고용되고(혹은 징병되고), 사람을 죽이기 위해서 교련을 받고, 사람을 죽이기 위한 특별한 권리도 갖는다. 전쟁법은, 병사는 가급적 적의 전투원만을 죽이고, '가능한 한' 무장하지 않은 일반시민을 죽이지 않도록 노력해야 한다고 규정하고 있다. 그러나 실제로는 병사보다 일반시민 쪽이 많이 살해된다. 이유는 알기 쉽다. 즉, 일반시민 쪽이 죽이기 쉽기 때문이다. 군사교련을 받지 않고, 조직이 없고, 무기도 없는 일반시민은 숨는 것도 서툴고, 행동계획도 없으며, 반격을 할 수도 없다. 일반시민을 죽이는 것은 비교적 안전하지만, 상대방 병사를 죽이려 한다면 자신이 죽게 될 가능성도 있다.

놀라운 것은, 전부 합쳐서 헤아려보면 군대는 외국인보다도 자국민을 많이 죽인다는 사실이다. 20세기를 통해서 국가에 의해 살해된 외국인의 수는 6,845만 2,000명이었지만, 자국민의 수는 1억 3,475만 6,000명이었다(R. J. Rummel, *Death by Government*, 1977). 물론 이것이 모두 군대에 의해 살해된 경우는 아니지만(국가에는 군대 이외에도 사람을 죽이는 방법이 있다), 군대가 살해한 외국인과 자국민의 비율은 이 통계와 비슷할 것이다.

이것은 군대는 국민을 외국의 적으로부터 지키기 위해서 존재한다는 고정관념과 모순된다.

그러나 위에서 말한 것처럼 대부분의 국가에 있어서 군대의 기본적 역할이란 국민 위에 국가권력을 확립하고 그것을 국민으로부터 지키는 것이라는 점을 상기한다면 그 통계는 그다지 놀라운 것도 아닐 것이다.

국가의 국민과의 전쟁은 '원시전쟁'이며, 그로 인해 국내의 '소극적 평화'를 획득하고, 외국과의 전쟁을 가능케 한다. 거꾸로, 많은 국가 간의 전쟁의 참된 목적은 국내의 치안을 확보하려는 데 있는 것임은 말할 필요도 없다.

지금 현재 세계에서 일어나고 있는 전쟁의 대부분은 이 '원시전쟁'의 형태가 되어 있다. 그리고 세계의 많은 국가에서 군대는 국민과 싸우는 것 이외의 목적을 갖고 있지 않다. 이것은 우리가 매일 신문에서 확인할 수 있다(그리고 최근 문제가 되었던 '유사법제'는 주권재민 정치여야 할 일본에서 국가와 국민과의 원시전쟁의 부활을 의미하는 것이다).

여성이 군대조직 속에서 평등을 획득하는 게 가능할까

일본에서 헌법을 변경하여 일본을 '전쟁을 할 수 있는 나라'로 만들고자 하는 사람 대다수는 페미니즘에 반대하는 사람이라는 점은 주지의 사실이다. 그들의 통찰은 정확하다고 할 수 있다. 군대조직은 가부장제 사회의 요체이다. 가부장제의 원형이기도 하며, 가부장제를 실행하는 큰 세력이기도 하다. 가부장제를 연구한다면, 군대조직을 보지 않으면 안된다.

군대 속에서 여성이 평등한 대우를 계속 받아온 것이 아닌가, 라고 답할 사람이 있을 것이다. 그러나 그것은 있을 수 없는 일이다. 대체 군대라는 것은 무엇이며, 무엇을 하는 조직인가. 그것을 발본적으로 바꾸지 않는 한 있을 수 없다고 생각한다.

현재의 군대가 무엇이며, 무엇을 하는가를 생각해보면, 그 속에서 여성이 평등한 대우를 받을 가능성은 없다. 물론 논쟁이 있다. 남성 병사가 할 수 있는 것은 여성도 모두 할 수 있다고 주장하는 사람과, 불가능한 것도 있다고 주장하는 사람도 있다. 이 논쟁의 대부분은 요점에서 벗어나 있다. 왜냐하면 그것은 군대는 합법적인 정전(正戰)밖에 수행하지 않는다는 잘못된 전제 위에 서 있기 때문이다. 하고 싶거나 말거나 관계없이 여성은 합법적인 정의로운 전쟁이라면 모든 일을 할 수 있을 것이다. 그것만이 아니라 여성은 비행기나 미사일에 의한 '장거리 전쟁범죄'도 문제없이 행할 수 있을 것이다. 그래도 여성을 병사로 인정할 수 없다고 말하는 완고한 보수파는 참된 이유를 공개적으로 말하지 않는다.

그들은 군사행동은 합법적인 전쟁, 정의로운 전쟁만이 아니라는 것을 알고 있다. 약탈능력(적어도 암묵적 위협으로서의)을 갖고 있지 않은 군대는 군대가 아니라는 것이다. 그들이 여성들에게 말하고 싶은 것은 다음과 같은 것이다. "알았다. 그대들은 기관총을 쏘고, 전차를 운전하고, 미사일을 발사하는 일 등, 모든 것을 할 수 있다. 그러나 전쟁터에서 약탈과 강간은 어떻게 할 텐가?" 이 질문은 답할 수 있는 것도 아니지만, 물어볼 수 있는 것도 아니다.

적극적 평화?

이 글에 주어진 테마는 '적극적 평화'인데, 문제는 이 세계에 그 연구 대상이 어디에도 존재하지 않는다는 사실이다. 지나치게 속 편하게 적극적 평화에 대해서 말을 하면, 전쟁과 군대조직이 우리들의 일상생활, 상식, 경제, 정치, 법, 관습, 문화, 국제기구, 젠더의식, 가족제도, 미의식 그리고 '평화 이념' 그 자체 속에도 얼마나 깊게 침투해 들어와 있는지가 보이지 않게 될 염려가 있다.

'적극적 평화'를 묘사하는 데에는 풍부한 상상력이 요구되는데, 내게는 그러한 것이 없다. 그래서 이 글에서는 가장 초보적인 얘기를 해보았다. 즉 '적극적 평화'라는 것이 군대가 없는 상태라고 한다면, 군대는 우리의 사회에서 어떠한 존재가 되었는가를 생각해보면 어떨까 하는 생각으로 썼다. 군대가 얼마만큼 우리들의 일상에 들어와 있는가를 이해할 수 있게 된다면 '적극적 평화', 즉 군대를 완전히 사회로부터 추방하는 게 얼마나 발본적인 사회변화가 될 것인지를 볼 수 있을 것이다.(출전《要石:沖縄と憲法 9条》, 晶文社, 2010)

부록 | 왜 제국이면 안되는가

찰머스 존슨은 저서 《블로우백》[1]에서, 한국전쟁 기간 중의 해군장교 이력과 그 후의 냉전 학자로서의 이력을 들어, 자신을 왕년에 '제국을 위해 복무한 창기병(槍騎兵)'으로서 소개한다.

"문제는 내가 국제공산주의운동에 대해서는 너무 많이 알고 있으면서도, 미국정부와 국방성에 대해서는 충분히 알고 있지 못했다는 점"이라고 그는 말한다. 분명히 어느 정도는 꺼림칙하게 생각하면서도 그는 베트남전을 지지했으며, 1967년부터 1973년까지 대학에서 가르치면서 동시에 CIA를 위해 일함으로써, 그 당시 가장 편집증적인 학자들에게만 가능했던 환상을 갖고 있었다.

---

1) 블로우백(Blowback)은 미국 중앙정보국의 한 관료가 만든 용어로서, 미국의 대외정책이 결과적으로 미국에 손실을 가져다준 경우를 일컫는다.(역자)

찰머스 존슨은 "대학의 반전시위자들을 보면 거룩한 척하면서 방종에 빠진 인간들로, 틀림없이 숙제를 제대로 하지 않는 학생들로 보여서 짜증이 났다"고 회상한다. 나는 이 구절을 처음 읽었을 때 존슨은 이것을 쓸 때 바로 나를 염두에 두었음이 틀림없다고 느꼈다. 물론 나와 똑같이 느꼈을 사람들이 틀림없이 더 있을 것이다.

어쨌든 존슨이 가르쳤던 학과의 당시 대학원생이면서 반전활동가였던 사람으로서, 나는 '짜증이 났다'라는 말은 그때 그의 입장을 나타내는 단어가 될 수 없다는 점을 증언할 수 있다. '격노했다'라는 말이 아마도 진실에 더 가까울 것이다. 그는 자신의 스승인 로버트 스칼라피노와 마찬가지로, 이 '얼간이들'이 장학금을 받는다든가 또는 대학 교직 자리를 얻는다든가 하는 것을 저지하기 위해서 종신교수로서의 권한 행사를 마다하지 않았다.

당연히 존슨은 이 부분은 언급하지 않고 있다.

하지만 그는 용기 있는 고백을 한다. 그는 여전히 반전 학생들이 "공산주의에 대해 아는 것이 아무것도 없었으며, 바로 그 결핍을 교정하는 데에 전혀 관심이 없었다"고 주장한다. 그러나 그는 다음과 같이 계속 말한다.

그러나 나중에 밝혀졌듯이, 그 학생들은 로버트 맥나마라[2], 맥

---

2) 베트남전쟁 중에 1961년부터 세계은행 총재로 자리를 옮기던 1968년까지 미국의 국방성 장관을 역임.(역자)

조지 번디[3], 월트 로스토우[4] 같은 인물들의 충동을 나보다 훨씬 더 잘 이해하고 있었다. 그들은 내가 인식하지 못했던 세계에서의 미국의 제국적 역할의 성격에 대해 본질적인 내용을 파악하고 있었다. 되돌아보건대, 나는 반전시위운동을 지지했어야 했다. 반전시위가 아무리 순진하고 거칠었다 해도 그것은 옳았다. 틀린 것은 미국의 정책이었다.

여기서 존슨은 교육업계 종사자들이 전적으로 자신의 능력 밖의 일이라고 생각하는 행동을 실행한 것이다. 성가시게 분란을 일으키던 그때의 학생들이 옳고, 교수인 자신이 틀렸다는 점을 시인한 것이 그것이다. 나는 그의 이런 점에 대해 경탄할 수밖에 없다. 존슨이 분명하게 사과를 한 것은 아니지만 이것은 그가 쓸 수 있는 사과문에 가장 가까운 글일 것이다.

그리고 내가 그 당시에 그를 성가시게 했던 어느 누구를 대신해서도 말할 수 있는 것은 아니지만, 지금 내가 쓰고 있는 이 서평은 아마도 (그의 사과를) '받아들였다'고 말하는 것에 가장 가까운 것이 될 것이다.

새로운 목소리

아이러니컬하게도, 존슨이 그 당시 반전운동을 찬성하지 않

---

3) 1961년부터 국가안전보장 대통령 보좌관으로서 베트남전쟁을 포함한 케네디 행정부의 대외정책 수립에 결정적인 역할을 한 인물.(역자)

4) 공산주의의 강력한 반대자로서 1960년대 케네디와 존슨 행정부의 동남아시아 대외정책에 큰 영향력을 행사한 경제학자이자 국가안전보장 대통령 보좌관.(역자)

았다는 사실에는 긍정적인 면이 있을 수 있다. 만일 그가 처음부터 그랬더라면, 《블로우백》이나 《제국의 슬픔》에는 지금과 같은 신선함이 없을 것이다. 바로 여기에 비밀이 있다. 여러 해 동안 미제국주의를 비판하는 논증도 훌륭하고 자료도 충분히 동원한 설득력 있는 책들이 출판되어왔다. 그렇다면 존슨의 책들에 들어 있는 그토록 새로운 점은 무엇일까? 물론 존슨이 놀라울 만큼 새로운 목소리라는 사실이 있다. 1969년이었다면 나는 존슨이 이런 종류의 작업을 시작할 인물일 거라고 결코 생각했을 리가 없다. 그리고 그 다음은, 존슨이 학자로서 명성이 있다는 사실이다. 노엄 촘스키가 언어학자로서 누리는 명성보다 존슨이 중국·일본 학자로서 더 큰 명성을 가지고 있다고 말하기는 어렵지만.

존슨의 색인 목록을 보면 촘스키의 이름이 빠져 있는 게 눈에 띄는데, 촘스키와 존슨을 비교해보는 것은 흥미로운 일이다. 수십 년 동안을 영웅적으로 집요하게 미제국주의를 공격해온 촘스키의 글에는, 흔히 신랄한 반어법이 단조롭게 반복되고 있다.[5] 한편 존슨은 늦깎이로서 자신이 발견하는 것에 대해 진정으로 놀라고, 새롭게 분노한다. 이러한 점이 그의 글에

5) 한때 나는 일본에서 대학 1학년 영어수업에 촘스키의 정치 에세이를 사용해 보려고 하였다. 나는 어리둥절한 표정으로 나를 바라보는 학생들에게 되풀이하여 설명하지 않으면 안되는 상황에 처하게 되었다. "그래요, 그는 그렇게 말했어요. 하지만 그 말의 의미는 그 반대입니다." 촘스키가 '미국의 멋진 정책'이라고 할 때 그 말의 실제 의미는 '미국의 끔찍한 정책'이며, 그가 "이게 미국의 정의다"라고 말하고 있지만 실은 그 뜻은 "이게 미국의 불의다" 등등.

활력을 불어넣는다. 촘스키의 글은 얼마간 '양치기 소년 신드롬'에 희생된 면이 있는데, 사실 이것은 공정치 못하다. 왜냐하면 그가 "늑대다!"라고 외쳤을 때마다 그 늑대는 진짜였기 때문이다. 그러나 처음으로 "늑대다!"라고 외치는 존슨의 목소리는 아마도 비상벨처럼 더 많은 울림이 있고, 사람들이 자리를 박차고 일어나 주의를 기울이게 할 것 같다.

그러나 이렇게 말한다고 해서 존슨의 연구가 단지 이전의 다른 반(反)제국주의 연구자들이 다뤘던 자료들을 재조합한 것에 지나지 않는다는 뜻은 아니다. 그의 자료들은 새롭고, 그의 분석은 독창적이다.

《제국의 슬픔》에서 그는 1996년에 처음으로 오키나와(沖縄)를 방문했을 때 '미 제국'을 주목하지 않을 수 없었다고 쓰고 있다. 그는 돌아오면서 자신이 목격한 것들의 추악함과 미국의 오만함에 충격을 받은 것 말고도, "미국의 전략이 아무리 진지한 것이라 하더라도 오키나와 섬의 가장 멋진 곳 20퍼센트에 38개의 기지가 배치되어 있다는 사실을 해명할 수는 없다"고 확신하게 되었다. 그는 전세계의 미군기지의 구조에 대한 연구를 시작하였고, 점차 "오키나와가 독특한 것이 아니라 전형적인 것"이라는 결론에 도달하였다. 그리고 그는 재미있는 새 가설을 제안했다. 즉, 전세계에 있는 725+[6]개의 미군기지는 제

6) 725는 공식적인 미군기지 숫자이고, 그 외에 별도의 비밀 기지들이 운영되고 있다.(역자)

국에 봉사하는 수단이 아니라, 그 자체가 제국이다. 미군기지들은 미국을 보호하기 위한 전략에 복무하도록 세워진 것이 아니다. 오히려 미국의 전략이 (대부분) 미군기지들을 보호하기 위해 설계되어 있다.

기지들은 그 자체로 통치 형식이며, 그 나름의 독자적인 이해관계를 생산한다. 기지들은 지역 사령부로 조직되며, 지역 사령관은 '로마제국'의 총독과 같다. 지역 사령관의 지위는 대사보다 높다. 이들은 외교정책과 관련한 성명을 발표하기도 한다. 이들은 통상적인 명령계통을 따르기보다는 직접 대통령에게 보고한다. 미군기지가 있는 대부분의 나라들에서, 미군들은 주둔군지위협정(SOFA) 덕분에 마치 식민지배자와 같은 치외법권적 특권을 누린다. 'SOFA'는 해당 국가의 법률에 의해 미군이 기소되지 않도록 완전히 혹은 부분적으로 보호하고 있다. "어떤 SOFA 협정은 주둔국의 입장에서 볼 때 너무나 당혹스러운 내용을 담고 있어서, 특히 이슬람 세계에서는 이런 협정은 비밀에 부쳐지고 있지만", 미국은 93개국과 그와 같은 협정을 맺고 있다.

찰머스 존슨의 표현대로, 이렇게 '기지들로 구성된 제국'은 자기 나름의 독자적 세계를 형성하고 있고, 그것은 "대부분의 미국인들이 알지 못하는 현대 미국생활의 일면을 보여준다."

내가 살고 있는 이곳 오키나와에서 58번 고속도로를 따라 나하(那覇)시에서 출발해서 가데나(嘉手納) 공군기지를 지나쳐 가면서 울타리 너머 기지를 들여다보면, 주차장이 수십 대의 큰 통학버스로 가득 차 있는 것을 볼 수 있다. 그 안에는 비극적으로 그리고 무의식적으로 식민지배자의 삶을 살고 있는 많은 어린아이들이 있는 것이다. 기지 안에는 어린이집부터 대학에 이르기까지 각급 학교, 교회, 쇼핑센터, 술집, 레스토랑, 테니스코트, 개인 소유 해변, 많은 개인 스포츠와 단체경기들, 스트레스와 분노를 조절해주는 상담소, 매 맞는 여성을 위한 핫라인, 강간 및 아동 성폭행 피해자들을 위한 프로그램, 경찰, 법원, 감옥 그리고 골프장 잔디를 포함해서 여기저기 흩어져 있는 건물들 사이의 드넓은 공터에서 잔디를 깎는 직원들도 무수히 많다.

1950~1960년대에 비하면 미군들을 상대로 하는 오키나와의 많은 사업체들이 문을 닫은 상태이지만, 기지 밖에는 여전히 술집, 레스토랑, 문신시술소, 일본인들이나 오키나와 사람들은 살 것 같지 않은 물건들을 파는 기념품 가게, 사창가 그리고 미군들을 상대로 하는 다수의 복음주의 교회들(보통 이런 교회들의 목사는 미국인이다)이 있다. 집들은 흩어져 있지 않고 밀집되어 있으며, 잔디 마당이 있을 만한 공간은 없다. 이와 같은 기지에 주둔한다는 것은, 곧 식민지배자의 오만함 속에 길들여지는 것이다. 현지 사람들에 대한 경멸은, 사람들이 가질 수도 있고 그렇지 않을 수도 있는 그런 개인적인 '태도'가 아니다. 경멸의 분위기가 공기 속에 있는 것이다. 그것은 사물의 구조 속에 각인되어 있다. 그것은 무의식적인 것이다.

"오키나와의 경우가 독특한 것이 아니라 전형적인 것"이라는 존슨의 결론에 동의하는 오키나와 사람들은 거의 없을 것이다. 오키나와 기지가 고립된 경우가 아니라 통합된 제국주의 정책으로 작동하는 세계 기지 체계의 일부분이라는 점에서는 존슨의 결론은 정확하다. 그러나 그러한 결론은 양(量)이 질(質)로 전화한다는 오래된 헤겔식 원리를 무시하고 있다. 오키나와의 방대한 미군기지 규모 그 자체가 — 예컨대 이탈리아나 영국, 그린란드 또는 심지어는 일본 '본토'와는 다른 방식으로 오키나와에서의 일상적 삶을 지배한다는 것을 의미한다. 머리 위에서 전투기가 내지르는 소리와 거대한 수송기의 폭음으로부터 자유로운 장소는 오키나와에 없다. 기지에 관한 소식이 신문에 실리지 않는 날이 없다. 기지에 대해서 아무런 입장도 갖지 않고 선거운동을 할 수 있는 정치인은 없다. 나이 60세 미만이면서 기지가 없었던 시절을 기억할 수 있는 사람은 없다.

오키나와는 예외적인가

오키나와가 가진 또다른 특이한 측면이 있다. 적어도 미군이 오키나와를 대하는 태도에 그런 면이 있다. 오키나와는 미군이 제2차 세계대전 동안 전투에서 획득하여 지금까지 미군 소유로 차지하고 있는 유일한 영토다. 적어도 미군 자체의 견해로는, 1945년부터 1972년까지 미군은 어떤 협정에 의해서가 아니라 점령자의 권리로서 오키나와를 통치했다. 미군은 오키나와를 미국 영토가 아니라 미군의 영토, 즉 전쟁 전리품으로 간주해왔다. 이런 견해는 특히 미 해병대에서 강하다. 왜냐하면 미 해병대는 오키나와 전투에서 큰 역할을 했으며, 그 후 지금까지 그곳에 가장 큰 규모로 존재하고 있기 때문이다.

그래서 오키나와가 1972년 일본으로 반환될 때 해병대는 물론 형식적으로는 이것을 받아들일 수밖에 없었지만 전적으로 납득한 것은 아니었다. 공적인 결정과는 별도로 해병대 문화 속에서는 기지 안의 땅이 '해병대 잔디밭'에서 '협정에 의해 미국에 조차된 일본 영토'로 바뀌지 않았다. 해병대에게 오키나와는 전리품으로서 자신들이 주권을 행사하던 과거의 오키나와로 남아 있다. 기지 밖의 오키나와 땅에 관해서 해병대의 태도가 어떤 것인지 아는 것은 어려운 일이었는데, 이 글을 쓰고 있는 동안 좀 분명해졌다.

2004년 8월 13일 금요일, 후텐마(普天間) USMC 항공기지에서 이륙한 해병대 소속 CH53D 수송용 헬기가 오키나와 국제대학교 빌딩과 부딪치면서 캠퍼스 안쪽 땅에 추락했다. 커다란 폭발이 세 차례 있었고, 검은 연기가 하늘로 치솟았다. 소방대나 경찰이 현장에 도착하기 전에 해병대원 수백 명이 캠퍼스와 기지 사이의 철조망 울타리를 뚫고 진입해 들어가(대학과 기지는 서로 맞닿아 있다) 추락 현장을 점거하였다. 그런데 해병대는 이 진입을 위한 허가를 대학 총장에게도, 기노완(宜野湾)시 시장, 현(縣)지사나 그 밖의 어느 누구에게도 요청하지 않았다. 해병대는 그 지역을 노란 테이프로 차단했고, 무장 헌병들을 급파하여 그곳을 경비하도록 하였다. 그리고 오키나와 경찰이나 소방대원들을 포함하여 그 누구도 거기에 들어가는 것을 허락하지 않았다. 경찰은 사고책임의 증거를 찾기 위해서 현장을 조사하고자 했으나 거부당했다.

현지 관리들이 무력하게 항의를 했지만, 해병대는 추락 현장의 흙을 포함해 모든 증거물을 치워버렸다. 정치인과 언론인들은 "글쎄, 미국은 SOFA 협정에 따라 권한을 갖고 있단 말입니다. 그러니 무엇을 할 수 있겠습니까?"라고 말했다. 그러나 사실을 말하자면, SOFA 규정은 미군 헌병은 기지 밖의 모든 민간인 지역에 대해서는 어떤 관할권도 갖고 있지 않다는 점을 명확히 하고 있다. 노란 테이프를 지키고 있던 헌병들은 자신들이 들고 있던 총 이외에는 아무런 권위를 갖고 있지 않았던 것이다.

이 시점에서 그때 해병대가 감추고자 했던 것이 무엇이었는지는 아무도 모른다. 그러나 그들은 위기상황에서 오키나와에 대한 일본이나 오키나와 지방정부의 주권을 존중할 마음이 없다는 점을 분명히 했다. 그리고 이곳의 해병대 기지가 전쟁에 직접적으로 휘말려들기라도 한다면 오키나와가 어떻게 취급될 것인가를 분명하게 보여주었다(여기서 '직접적으로'라는 말은 가까이 동아시아에서의 전쟁을 의미한다. 그리고 해병대는 이미 이라크 전쟁에 연루되어 있다).

아마도 이것이 존슨이 의미하는바, '군사주의'라는 것의 한 예가 될 것이다. 존슨은 군대 자체를 반대하는 것이 아니라 그 부정적인 형태, 즉 군사주의를 반대한다. 그는 "군대는 국가의 독립을 보장하는 일에 관심을 가져야 한다"고 말한다. 그리고 그는 군사주의를 이렇게 정의한다. 즉, 그것은 “한 국가의 군대가 국가안보를 달성한다든가 자신이 속한 정부의 전체 조직에 헌신하는 일보다 자신의 조직 보존을 우선시하는 현상”이다. 특히 미군이 무슨 일을 하고 있는지 일반 미국 시민들이 볼 수 없는 나라 바깥에 미군 조직의 큰 부분이 유지되고 있기 때문에 미군은 군사주의 조직이 되었다고 존슨은 주장한다. 미군은 제국을 ‘기획’하는 것도, 제국과 ‘닮은’ 것도, 제국적인 태도를 취하거나 심지어 제국에 ‘복무’하는 것도 아니다. 미군은 제국이다. 기지 제국이다.

그러나 기지가 그 자체로 제국이라면, 그것은 독특한 제국이다. 왜냐하면 거기에는 생산적인 노동이 존재하지 않는 제국이기 때문이다. 기지 안에서는 어떤 것도 생산되지 않는다. 기지 밖 사람들의 노동을 조직하거나 관리하지도 않는다. 기지는 점령 국가에서 잉여가치를 뽑아내어 본국으로 송금하도록 설계된 것도 아니다. 그런 일은 사업을 하기에 안전한 환경에서 작동하는 민간 기업에 맡겨진 일인데, 기지는 이런 환경을 조성하는 데에 도움을 줄 뿐이다. 이처럼 미군기지는 그 자체로 제국일지는 모르지만 결코 완전한 미 제국은 아닌 것이다. 그러나 이렇게 말하더라도 존슨의 기지 제국이라는 개념은 오늘날의 미 제국을 이해하는 데에 중요한 기여를 한다.

그러나 존슨의 작업은 종전의 제국 비판들과 또다른 의미에서 다른 점이 있다. 지난 반세기 혹은 그 이상 동안, 말하자면 대략 유엔헌장이 비준되었을 때부터 세계의 여론은 제국은 나쁜 것이라고 간주해왔다. '제국'이나 '제국주의' — 비록 제국적 강대국 내부에서는 꼭 그렇지만은 않았지만 — 라는 용어는 부정적 가치를 내포하고 있었다. 만일 당신이 어떤 정책을 '제국주의적'이라고 불렀다면, 누구나 당신이 그 정책을 비판하고 있다고 이해했다. 논쟁은 바로 그 질문에 달려 있었다. 즉 만일 당신이 어떤 정책이 사실상 제국주의적이라는 점을 보여줄 수 있다면, 그것은 그 정책이 틀렸다는 것을 충분히 보여주는 셈이 된다. 그 정책을 변호하는 사람은 그 정책이 제국주의적이지 않다고 주장함으로써 반격을 가했을 것이다.

금기에서 선택으로

지난 몇 년간 적어도 미국과 영국에서는 이 모든 것이 변했다. 앵글로아메리칸 정책의 옹호자들은 점차, 특히 '테러와의 전쟁'이 시작된 이후, 제국을 '금기'의 영역에서 '선택'의 영역으로 옮겨놓았다. "그러나 그건 제국이야!"라고 말하면, 그에 대한 반응이, "아니야!"에서 "그래서?"로 바뀐 것이다. 미국이 솔직한 제국이 되는 것의 장점을 논의하거나, 미국은 이미 그런 제국이 되었고 그 사실을 받아들여야 한다고 주장하는 책과 기사들이 점점 빈번하게 나타났고, 이런 일은 주로 엘리트들이 읽는 저널에서 시작되어 점차 일반 대중이 읽는 잡지와 신문으로 확산되어갔다.

그러다 보니 한때 금기시되던 질문이 공개적으로 제기되기에 이르렀다. 즉, 왜 제국이면 안되는가? 제국을 지지하는 논리는 매우 단순하다. 아마도 제국적 통치가 이 세상을 지금보다 좀더 평화롭게 만들어줄 것이라는 것이다. 아마도 제국은 '신민(臣民)'을 지금보다 더 공정하고 보다 안정되게 통치할 것이다. 아마도 제국은 또한 '신민'을 경제적으로 좀더 잘살게 해줄 것이다. 그리고 (이것이 결정적인 것인데) 제국은 미국의 국익에 봉사할 것이고, 기업에 유리할 것이다.

질문이 제기된 이상 이 질문에 대한 답을 해야 될 것 같다. 우리는 어디에서 답을 찾을 것인가? 식민주의에 대한 맑스의 글, 예컨대 〈인도에서의 영국 통치〉 같은 글은 별로 도움을 주지 못한다(이 글에서 그는 제국주의는 비록 추악한 것이지만 식민지에 자본주의적 생산양식을 도입하는 유일한 길이며, 이 과정이 필요한 것은 사회주의를 가능하게 하기 위한 것이라고 주장한다). 자유주의는 더욱 도움이 안된다. 특히 위대한 자유주의자 우드로 윌슨이 이 세상을 민주적 제국주의 — 조지 W. 부시가 이런 전통을 옹호하는 인물의 가장 최근의 예이다 — 에 어울리는 곳으로 만들어놓은 장본인으로 재해석되고 있는 것을 보면, 이 점은 더욱 분명해진다.

그럼 종교에 의지하는 것은 가능할까? 그러나 종교는 — 이름을 댈 수 있는 어떤 종교든 — 고대로부터 제국에 복무해왔다(동시에 제국에 의해 받들어져왔다). 그렇다면 인도주의가 있다. 그러나 인도주의는 '인도주의적 개입'을 정당화하는 이데올로기로 변모되었을 뿐만 아니라, 마이클 이그나티에프[7]로 대변되는 새로운 종(種)의 제국주의자들을 만들어냈다.

제국이면 왜 안되는가?

찰머스 존슨은 이 질문에 대한 답을 한 가지 제시했다. 그 답은 유일한 답도 아니고 최고의 답도 아니다. 그러나 그것은 매우 훌륭한 대답이다. 그것은 '블로우백'이라는 용어로 요약된다. '블로우백'은 원래 총이 발사될 때 총 뒤쪽으로 방출되어 나오는 가스를 의미하는 말이었지만, 미국정부의 해외 비밀작전에 해가 되는 뜻하지 않은 결과들을 의미하는 중앙정보국(CIA) 용어가 되었다. 존슨의 글에서 '블로우백'은 인간 권력자에 의해 처벌되지 않은 채 넘어간 죄에 대해 보복을 감행하는 3명의 그리스 여신, '퓨리스'의 힘을 떠올리게 한다(존슨 자신이 그런 이미지를 사용하고 있는 것은 아니지만). 현대적인 맥락에서 생각해볼 때, '블로우백'은 제국주의적 정책에 피해를 당한 사람들의 테러공격과 같은 것을 의미한다. 그리하여 뉴욕과 워싱턴 디씨에 대한 2001년 9·11 공격은 '블로우백'의 원형이었다(이 공격은 《블로우백》이 출판된 후에 일어났는데, 흥미로운 점은, 처음 그 공격에 대해 들었을 때 존슨이 그건 바로 오키나와로부터의 공격일지 모른다고 생각했다는 사실이다).

여기서 존슨은 주류 정치학자로서의 자신의 배경에 충실하다. 즉, 존슨에게 중요한 것은 이해관계이지 가치가 아니다.

---

7) 저명한 역사학자이며 현재 캐나다 자유당의 부당수이기도 한 마이클 이그나티에프는 부시 행정부가 이라크 침략전을 개시할 당시 하버드대의 '카르 인권정책센터' 소장으로서, 이라크의 쿠르드족과 시아파의 인권 보호를 위해 사담 후세인을 축출하기 위해서는 미국이 제국적 역할을 다해야 한다는 명분으로 이라크전쟁을 지지했다.(역자)

만일 당신이 제국을 세우면 결국 그 제국은 국익을 배반할 것이라는 것이다. 그러니까 제국주의는 나쁜 것이 아니라 우둔한 것이다.

그러나 '블로우백' 논리의 약점은 그것이 예측에 의지한다는 점이다. 그래서 우리는 이렇게 답할 수 있다. "글쎄요, 그건 그럴 수도 있는 거고, 다시 생각하면 그렇지 않을 수도 있는 거지요." 어느 곳에서 존슨은 다음과 같이 쓰고 있다.

"어떤 의미에서 블로우백은 단순히 국가는 뿌린 것을 거두어들인다고 말하는 것과 마찬가지다." 그러나 "뿌린 대로 거두리라"(갈라디아서 6:7)라는 성서의 언급은 이 세상에서 벌어지게 되어 있는 '블로우백'을 가리키는 것이 아니고, 내생에서의 징벌에 관한 것이다(불가지론자들은 이런 언급이 이 세상에서 죄인들이 그에 합당한 처벌을 반드시 받지는 않는다는 사실에 대해 우리를 위로하기 위해 만들어진 것이라고 말할 것이다). 파괴의 씨앗을 뿌리고도 침대에서 평화롭게 죽어간 사람들이 많이 있다. 그리고 미국의 정책이 다른 나라에 파괴의 씨앗을 뿌렸음에도 미국이 분명한 '블로우백'을 받아 고통을 받지 않은 사례가 많다. 예를 들면, 땅을 전리품으로 합병한 것에 대해 ― 그 소득을 능가하는 ― '블로우백'이 따라오는 것이라면, 미국이 멕시코전쟁에서 캘리포니아, 애리조나 그리고 뉴멕시코를 획득했을 때 미국이 얻은 소득을 능가하는 '블로우백'이 어디에 있었단 말인가? 존슨은 어느 정도 이 문제를 인식하고 있고, 그래서 그 개념을 수정한다.

비록 그 용어는 원래 미국의 정책으로 인해 '미국인들'에 끼쳐질 예기치 않은 결과에만 적용되는 것이었지만, 그 용어의 의미는 당연히 확장될 필요가 있다. 예를 들어, 1997년 인도네시아의 경제적 붕괴를 조장·심화시켰던 미국 정책의 예기치 않은 결과 때문에 미국이 고통을 당한 바가 있느냐의 여부를 떠나서, 그 예기치 않은 결과가 인도네시아인들에게 가져다준 것은, 엄청난 수준의 고통과 빈곤 그리고 희망의 상실이었다.

확실히 제국이 스스로 재앙을 초래할 것이라는 주장에다가 제국이 그 희생자들에게 고통을 가져다줄 것이라는 점을 추가하게 되면, 그 주장은 더 그럴듯한 것이 된다. 그러나 이것은 더이상 '블로우백'이라고 부를 수는 없다. 존슨이 언급한 인도네시아인들에게 찾아온 고난은 '후폭풍(blowback)'이 아니라 폭풍 자체의 일부이다. 그리고 우리가 전자에 대해 걱정해야 하는 이유는 후자에 대한 우려의 이유와 매우 다르다.

기지 제국

가장 최근의 책에서 존슨은 '블로우백'을, 책 제목이 가리키듯이, '제국의 슬픔'으로까지 확장한다. 이런 슬픔에는 네 가지 유형이 있다고 그는 쓰고 있다. 첫째, 제국은 '영구적인 전쟁상태'를 야기하여 "미국인들에게 더 많은 테러를 가져다줄 것이다." 둘째, 행정부가 정부의 한 '부(府)'를 그 자체 군사정부 비슷한 어떤 것으로 변화시켜감에 따라 미국인들은 민주적 형태의 정부와 시민으로서의 자신들의 권리가 잠식되어가는 것을 보게 될 것이다. 셋째, '이미 심각하게 훼손된 진실성의 원칙'이 끝없는 전쟁 선전으로 더욱 손상될 것이다. 넷째, 점점더 많은 자원이 교육과 사회적 서비스에서 군사적 모험 쪽으로 이전될 것이며, 결국 나라는 파산할 것이다.

이런 논의들은 어느 것도 새로운 것은 없지만 모두 대단히 중요한 것들이다. 존슨은 진실로 나라의 미래를 두려워하는 사람의 열정과 웅변으로 논의를 하고 있다.

그러나 이러한 '슬픔'은 원래의 '블로우백'과 마찬가지로 또다시 국익이라는 맥락 안에서 규정되고 있다. 이 말은 존슨이 틀렸다거나, 이런 논의를 하면 안된다는 의미가 아니다. 오히려, 그는 옳다. 이 모든 일이 일어나기 쉽고, 실제로 일어나고 있으며, 미국인들은 이에 대한 이해를 가지고 있어야 한다. 사태를 이해관계라는 관점에서 논한다고 해서 잘못된 점은 아무것도 없다. 존슨의 논리는 강력하고 설득력이 있으며, 가장 완고한 애국자들까지도 제국이 나라를 망칠 것이라는 것을 인식하게 함으로써 제국에 대한 지지를 철회하도록 할만한 잠재력을 가지고 있다. 확실히 그의 논리는 "제국? 그게 뭐 어때서?"라고 말하는 사람들에 대한 일차적인 — '최종적인' 것은 아니지만 — 문제제기가 될 수 있다. 그러나 존슨의 논리는 미국인들과 몇몇 충성스러운 나라 밖 미국의 친구들에게만 설득력이 있을 뿐이다. 제국의 희생자들에게 있어서는 '블로우백'은 그들이 좋아할 만한 제국의 유일한 측면일지 모른다.

그러나 이것은 아마도 존슨을 너무 좁게 해석하는 것일지 모른다. 내가 위에서 지적했듯이, 그는 국익의 관점에서 이론적 입장을 제시했지만, 이 두 권의 책의 서술부에서 그는 그 입장에 매달리지 않고 제국이 세계 전역에 걸쳐 불러일으키는 끔찍한 공포에 대하여 자연스러운 노여움과 슬픔을 표현하고 있다. 더욱이 그의 '블로우백' 논리에는 CIA식 정의(定義)에서는 적절히 표현되어 있지 않은 또하나의 측면이 내재되어 있다. 존슨은 로마제국을 빈번히 언급한다. 그러나 나는 그의 책을 읽으면서 투키디데스가 들려주는 아테네 제국의 종말에 관한 이야기, 특히 '멜로스의 대화'에 관한 서술 부분을 떠올렸다. 그 이야기를 회상해보면 '블로우백' 현상을 좀더 깊이 보는 데 도움이 될지 모른다.

아테네와 라케다이몬이 전쟁을 하고 있는 동안, 아테네인들은 에게해(海)의 작은 섬 멜로스를 점령하기 위하여 원정대를 보냈다. 아테네인들은 섬에 상륙한 후 멜로스의 대표자들을 '대화'의 자리에 초대하여, 압도적으로 우세한 힘을 갖고 있는 아테네 사람들이 왜 멜로스섬을 파괴하고 정복해서는 안되는지 설명을 (할 수 있다면) 해보라고 요구했다. 이 대화에서 아테네인들은 조건을 붙였다.

즉, 충성심이니 권리니 하는 감상적인 이유들은 배제하고, 논의는 오로지 이해관계라는 측면에 국한되어야 한다는 것이었다. 왜냐하면 "권리라는 것은 동등한 힘의 소유자들끼리의 문제이며, 강자는 자기 하고 싶은 대로 하고, 약자는 마땅히 고통을 받는 것이 세상 돌아가는 이치임을 우리 못지않게 당신들도 알고 있기" 때문이라는 것이었다.

여기서 희생자들은 공격자들에게 왜 자신들이 희생되어서는 안되는가를 설명하지 않으면 안되었고, 그들은 전적으로 공격자들 자신의 이익을 위해서라는 논리에 입각해서 그 이유를 설명했다. 투키디데스의 기록에 의하면, 멜로스인들의 반응은 강력하고 용감한 것이었다. 그들은 아테네인들이 스스로의 이익을 위해서, "우리 인간에게 있어서의 공통한 보호장치, 즉 위험에 처했을 때 공정함과 올바름을 요구하는 것이 허용되는 특권을 파괴해서는 안된다"는 점을 인정할 것을 촉구한다.

왜 그들이 파괴하면 안되는가? 아테네인들은 '공정함과 올바름'은 강자에게는 적용되지 않는다고 답변하였다. 여기에 맞서서 멜로스인들은 아테네인들에게 운(運)이라는 요인을 상기시킨다 — 오늘 당신들은 너무나 강대해서 이 세상 그 누구도 당신들에게 맞설 수 없는 것처럼 보이지만, 그러나 이것은 영원히 지속되는 게 아니다. 운의 불확실성을 고려할 때, 당신들이 약자의 입장에 처하게 되는 날이 반드시 올 것이다. 그렇게 되면 당신들은 자신을 보호하기 위해서 공정함과 올바름이라는 원칙을 요구할 수 있기를 바랄 것이며, 당신들 자신이 그 원칙을 파괴하고 말았다는 것을 쓰라리게 후회하게 될 것이다. 멜로스인들의 이런 논리에 대해 아테네인들은 재미있다는 듯 경멸어린 어조로 대꾸했다. "우리는 그런 … 위험은 받아들일 준비가 되어 있어."

대화는 곧 결렬되고 전투가 시작된다. 아테네인들의 생각대로 그들은 금방 승리한다. 그 후 그들은 "포로로 잡은 성인 남자들은 모두 살해하고, 여자와 아이들은 노예로 팔아버렸으며, 곧이어 500명의 식민자들을 이주시켜 그 장소를 아테네인들의 거주지로 만들었다."

이것만 보면, 약자의 위치에 있던 멜로스인들은 필사적으로 지푸라기라도 잡으려 한 것처럼 보인다. 그러나 역사 전체의 맥락에서 보면, 멜로스인들은 예언자의 역할을 맡고 있다. 왜냐하면 이 사건 직후 아테네인들은 시라쿠사 침략을 계획했고, 이 모험은 아테네 제국을 비참하고 굴욕적인 종말로 몰아넣었기 때문이다. 이에 대해 투키디데스는 이렇게 쓰고 있다.

> 그들은 철저하게 궤멸했다. 그들의 고통은 엄청났다. 그들은 문자 그대로 전멸을 당했다. 그들의 함대와 군대 — 모든 것이 파괴되었다. 많은 병사들 중 집으로 돌아온 자들은 거의 없었다.

이것은 교만(hubris)에 관한 이야기이다. 그리고 이것은 또한 '블로우백'에 관한 이야기이기도 하다. 이것은 단순히 아테네인들이 자신들의 힘을 자만 속에서 과대평가했다는 이야기가 아니다. 그들을 패배시킨 힘을 '만들어낸 것'은 사실상 그들 자신의 위력이었다. 막강한 시라쿠사의 군사력은 아테네의 침략 때문에 양성된 것이었다. 최후의 전투에서 아테네의 적들에게 아테네인들을 무자비하게 학살할 수 있는 특별 허가증을 내준 것은 바로 '우리 인간의 공통한 보호장치', 즉 외국인들이라 하더라도 '공정하고 올바르게' 대해야 한다는 원칙을 기꺼이 파괴한 그들 자신의 의지였다.

'블로우백'은 단순히 복수나 앙갚음이 아니다. 그 반격은 제국의 허무주의가 만들어내는 허무주의적 공간에서 이루어진다. 미국은, 자신의 압도적인 힘 때문에 국제법을 포함한 규칙들을 따를 필요가 없다고 말한다. 그리고 그 결과는 단순히 미국이 규칙의 지배를 면하는 것만이 아니다. 미국은 그 규칙들을 파괴해버린 것이다. 이런 의미에서, 존슨의 논리는 멜로스인들의 그것과 닮았다 — 당신들은 현재 당신들의 힘에 도취되어 믿기가 어렵겠지만, 언젠가 당신들은 당신들로 인해서 규칙이 파괴되었고, 결국 당신들을 보호해줄 규칙이 없다는 것을 아쉽게 생각하게 될 것이다.

오사마 빈 라덴이 CIA의 후원 아래 알카에다를 시작했고, 사담 후세인이 (수많은 다른 잔인한 독재자들과 마찬가지로) 미국으로부터 오랫동안 군사적·외교적 원조를 받았다는 사실을 모르는 사람은 없다. 그러나 그것이 무엇을 의미하는지 우리는 제대로 파악하고 있는 걸까? 그것은 단지 미국정부가 그들의 범죄행위에 도덕적 책임이 있다는 것만을 의미하지 않는다. 그것은 또한 미국이 자기자신의 '블로우백'을 '만들어'왔고, 지금도 '만들고' 있다는 것을 의미한다. '블로우백'은 미국의 그림자이며, '테러와의 전쟁'에서 미국은 자신의 그림자와 싸우고 있다. 그리고 말할 것도 없이, 싸움을 하면 할수록 그림자는 더 커진다. 존슨이 말하듯이, 미 제국과 '테러와의 전쟁'은 같은 동전의 양면이다. 그리하여 여기서 우리는 국익에 기초하여 제국에 반대하는 매우 설득력 있는 논리를 갖게 되었다. 자신의 그림자를 상대로 싸우는 전쟁에서 승리란 있을 수 없다.(이승렬 옮김, 출처 *New Politics*, 2005년 겨울호)

부록 | 제국의 논리, 미국의 전쟁경제

이라크 침공 10년에 생각해봐야 할 것

오늘 제가 얘기할 내용은 즐거운 주제가 아닙니다. 어려운 주제입니다. 오늘 저녁은 여흥의 시간이 아닙니다. 이것은 우리가 진지하게 생각해야 할 주제이지만, 어쩌면 결코 알 수 없을 주제입니다. 바로 전쟁이라는 문제입니다. 구체적으로 미국의 이라크 침공입니다. 10년 전에 시작되었죠. 저는 그 침략에 대해 몇 가지 이야기하고 싶습니다.

첫째로, 그건 불법입니다. 미국의 이라크 침략은 국제법을 위반했습니다. 전쟁범죄라는 말입니다. UN헌장은 먼저 공격을 받지 않은 한, 한 나라가 다른 나라를 침략하는 일은 국제법에

이 기록은 2013년 3월 20일 시민단체 '나눔문화' 주관으로 '평화아카데미'에서 행했던 강연을 녹취·번역한 것임.

따라 금지된다, 국제법에 위배된다는 점을 매우 분명하게 밝히고 있습니다. 거기엔 의심의 여지가 없습니다. 이라크정부가 좋은 정부였는지 나쁜 정부였는지, 혹은 일부 좋고 일부는 나쁜 정부였는지는 상관이 없습니다. 문제는 그게 아닙니다. 국제법의 관심은, 이라크가 미국을 공격할 참이었느냐 하는 점입니다. 답은 명백히 물론 아니었습니다. 이라크는 미국을 공격할 아무런 의도도, 아무런 계획도, 능력도 갖고 있지 않았습니다. 지중해 너머로 태평양을 건너서 어디, 뉴욕을 공격한다? 그럴 가능성은 없었습니다.

제2차 세계대전 이후 도쿄와 독일 뉘렌베르크에서는 전쟁재판이 열렸습니다. 그리고 거기서 무엇이 전쟁범죄인가를 규정하는 이른바 뉘렌베르크 원칙이 세워졌습니다. 뉘렌베르크 전쟁원칙의 첫번째는 '평화에 대한 범죄(crime against peace)'입니다. 이것이 기본적인 전쟁범죄입니다. 전쟁이 없는 곳에 가서 전쟁을 일으키는 것, 전쟁을 시작하는 것은 범죄로 인정되었습니다. 그래서 도조 히데키(東條英機) 등 태평양전쟁을 일으킨 죄로 고발된 이들은 도쿄와 뉘렌베르크 재판에서 유죄 판결을 받았고, 처형되었습니다. 이라크에 대한 공격은 정당한 이유가 없었습니다. 다시 말하지만, 그것은 전쟁범죄입니다. 그런데도 아무도 체포되지 않았고, 처형되긴커녕 고발조차 되지 않았습니다. 한편, 이건 또한 이라크전쟁에 파병을 한 다른 나라들도 모두 전쟁범죄에 가담했다는 뜻이 됩니다. 생각해볼 문제입니다.

미국은 이라크에서 전쟁을 일으킨 데 대해 두 가지 이유를 댔습니다. 우선 미국은 이라크정부가 알카에다와 동맹을 맺고 있다고 주장했습니다. 이것은 물론 사실이 아닙니다. 그건 사실이 아니고, 미국정부도 그게 사실이 아니라는 것을 알고 있었습니다. 증거가 명백했습니다. 즉 그건 거짓말이었습니다.

이라크 침략의 이유로 미국이 제시한 두 번째 이유는 이라크가 핵무기, 생물학적 무기, 화학무기, 독극물 같은 대량살상무기를 보유하고 있다는 것이었습니다. 이라크정부는 이것을 거듭해서 부인했습니다. 과거에 이라크정부의 관료들이었던 사람들도 그건 사실이 아니라고 말했습니다. 그리고 유엔은 대량살상무기가 있는지 알아내기 위해서 한 차례 이상 이라크에 사찰단을 보내서, 생각할 수 있는 모든 장소와 미국이 제안한 모든 장소를 샅샅이 수색했습니다. 그리고 아무것도 찾아내지 못했습니다. 이라크가 대량살상무기를 보유하고 있다는 아무런 증거도 없었습니다.

사람들은 대량살상무기가 없었다면 미국은 왜 이라크를 침략한 것인가 하고 묻습니다. 그 질문은 방향이 잘못되었다고 생각합니다. 미국이 이라크를 언제 침략했습니까? 유엔 이라크 사찰단이 사찰결과를 발표한 뒤입니다. 유엔 사찰단을 이끈 한스 블릭스가 이라크에서 돌아와서, 거기 아무것도 없다, 이라크에는 대량살상무기가 없다고 말한 뒤에, 그런 다음에 미국은 침공을 했습니다. 일리가 있지요, 그렇죠? 다시 말하면, 미국은 유엔을 이용한 것입니다. 유엔이 이라크에 핵폭탄이 없다, 화학무기도 없고 생물학적 무기도 없다고 미국을 안심시켜 주자, 침략해도 안전하겠다고 미군은 결정했던 것이죠. 이렇게 표면상의 공개된 이유들은 하나도 뒷받침되지 않았지만, 그럼에도 어쨌든 미국은 이라크를 침략했습니다.

이렇게 해서 미국은 국제법을 위반했습니다. 그런데 이걸 다르게 또 생각할 수 있습니다. 더욱 가공할 일은, 이라크에서뿐만 아니라 아프가니스탄, 이라크 그리고 테러와의 전쟁을 통해서, 미국이 국제법을 파괴 내지 근본적으로 변화시켰다는 사실입니다.

국제법이란 굉장히 취약한 구조를 가지고 있습니다. 국제법은 유럽에서 수 세기에 걸쳐 발전해온 것입니다. 기원이 매우 오래전이며, 선례들과 조약들에 의해서 발전해왔습니다. 국제법의 대부분은 단순히 선례들입니다. 즉 과거로부터 전해져온 전통입니다. 전시(戰時) 국제법도 매우 오래된 것이고, 과거로부터 전해지면서 조금씩 발전해왔습니다. 많은 선례들이 19세기 말에 처음으로 조약으로서 문서화되었습니다. 헤이그조약, 제네바조약 같은 것이죠. 국제법을 종이 위에 증명하여 국가들은 그것을 따르기로 약속했습니다.

그러나 기본적으로 국제법은 선례에 근거합니다. 따라서 세계에서 가장 강성한 나라가 국제법을 위반하고, 다른 식으로 행동하고도 처벌받지 않을 뿐 아니라 아무도 그것을 범죄라고 부르지 않는다면, 이것이 새로운 선례, 새로운 법이 될 수 있는 것입니다.

미국의 초법적 권리

미국은 9·11 뉴욕과 워싱턴 디씨에 가해진 공격 직후, 국제법상의 새로운 권리들을 스스로에게 부여하기 시작했습니다. 나는 다섯 가지를 꼽겠습니다. 더 많을지도 모르겠지만, 적어도 다섯 개의 새로운 권리를 미국은 스스로에게 부여했습니다. 미국은 간단히 "우리는 이러한 권리들을 갖는다"라고 선언했습니다.

첫번째 권리는 침략할 권리입니다. 앞서 말한 것처럼, 침략은 유엔헌장과 뉘렌베르크 원칙에 위배됩니다. 그러나 미국은 그렇게 하고도 처벌받지 않았습니다. 이게 첫번째입니다. 아시겠어요? 저는 의도적으로 '침략'이라는 낱말을 쓰고 있습니다. 단순히 이라크 전쟁이라고 부르는 것보다 이라크 침공이라고 부르는 게 더 정확하다고 생각하기 때문입니다. 그것은 군사적 침략이었습니다.

두 번째는 정권교체를 할 수 있는 권리입니다. 즉 미국은 한 나라에 들어가서 그 정부가 미국 마음에 들지 않는다면 다른 정부로 강제로 갈아치울 권리를 스스로에게 부여했습니다. 이것은 과거에 내정간섭이라고 불리던 것입니다. 그러나 이제 미국은 자신들이 원하는 곳에서 그렇게 할 수 있다고 말하고 있습니다.

세 번째는 미국법을 어긴 외국인을 외국 영토에서 체포할 수 있는 권리입니다. 이것도 불가능했던 일입니다. 쉬운 예를 생각할 수 있습니다. 아마도 제가 여러분 모두보다 나이가 많다는 걸 말하는 것일지 모르겠습니다만, 옛 미국 카우보이 영화를 생각해보세요. 열차강도나 은행강도가 돈을 훔쳐서 말에 올라타 남쪽으로 달아납니다. 보안관도 말을 타고 그들을 쫓아갑니다. 그런데 강도들이 멕시코 국경을 넘어서면 보안관은 멈춥니다. 국경을 넘어가서 그쪽에서 그들을 체포할 수는 없기 때문이죠. 그는 멕시코에서는 보안관이 아니니까요. 그가 총을 꺼내 들고 무력으로 그들과 싸우거나 체포한다면, 그건 그저 폭력배와 다름없는 것입니다. 그래서 미국정부는 멕시코정부에 연락해서, "당신들 영토에 범죄자가 있다, 그 범죄자를 체포해서 우리한테 돌려보내 달라"고 말해야 합니다.

이것은 매우 시간이 오래 걸리고 어려운 과정입니다. 그렇지만 그게 국제법입니다. 이것을 한 나라의 자주권이라고 합니다. 그런데 9·11 이후, 미국은 다른 나라 땅에 들어가서 범죄 혐의가 있는 사람들을 체포할 수 있는, 지금까지는 누구도 갖지 못했던 권리를 스스로에게 부여했습니다.

네 번째는 이렇게 체포된 사람들을 감금할 권리, 즉 인신보호령에 따른 권리를 주지 않고 구금할 권리입니다. 특정 범죄에 대해 기소하지도 않고, 일정 기간 이후에 석방하지도 않습니다. 인신보호령의 권리는 범죄의 혐의를 받는 사람들, 피의자들이 갖는 권리입니다. 이것은 매우 오래된 권리인데, 중세 영국법에 기초하고 있습니다. 어떤 사람을 체포했을 때, 정부는 일정한 기간 내에 이 사람을 기소할 죄목을 찾지 못하면 그 사람을 풀어줘야 합니다. 범죄로 기소하여 재판을 받게 하거나 아니면 석방해야 합니다. 무기한, 죄목 없이 사람을 가두어둘 수는 없습니다. 그러나 미국은 여러분도 아시다시피 바로 이런 일을 시작했습니다.

다섯 번째는 외국 땅에서 용의자를 암살할 권리입니다. 여러분도 아시다시피 이제 이른바 무인정찰기를 사용하면서 이 일은 점점더 비일비재해지고 있습니다.

조지 W. 부시 대통령이 버락 오바마 대통령으로 바뀌면서 많은 사람들이 이런 일이 바뀌지 않을까 기대했습니다. 미국이 예전의 국제법으로 돌아가기를 기대했습니다. 그러나 아무것도 변하지 않았습니다. 버락 오바마는 새로운 나라를 침략하지는 않았지만, 미국이 이미 침공한 나라들에서 전쟁을 계속했습니다. 그리고 구금되었던 사람들을 계속해서 감금해두고 있습니다. 또 직접 암살할 대상을 선별하고 있습니다. 일주일에 한 번쯤 버락 오바마의 사무실에서는 회의가 열립니다. 사진이 첨부된 문서들을 돌려 보면서, 아프가니스탄 혹은 이라크 아니면 파키스탄에 있는 이 사람은 이런 일 또는 이런 일을 했을지 모른다, 이 사람은 어쩌면 누구누구와 친구일 수 있다, 이런 의논을 합니다. 버락 오바마가 이렇게 말합니다. “아니, 이 사람 말고, 음, 이 사람으로 합시다.” 그러고 나서 미국은 무인정찰기를 보내서 로켓을 쏘아서 그 대상자와, 우연히 같은 장소에 있었던 다른 모든 사람들까지 살해하고 있습니다.

달라진 게 한 가지 더 있는데, 여섯째 권리라고 해도 좋겠습니다. 그건 이 권리들은 전부 미국 외의 다른 어떤 나라도 가져선 안된다는 것입니다. 이것들은 미국이 자신에게 있다고 주장하는 권리입니다. 미국을 위한 것이지, 영국 혹은 한국이나 일본이 이런 권리를 갖는다고 미국은 말하지 않습니다. 미국만 유일하게 이들 권리를 갖습니다. 다른 나라에는 없습니다. 달리 말하면, 이로써 국제법의 영역에서 '법 앞의 평등'이라는 원리에 종지부를 찍는 것입니다. 한 나라가 다른 어떤 나라도 갖지 못하는 일단의 권리들을 갖습니다.

정치학의 관점에서 볼 때, 이러한 권리들은 통치 혹은 지배와 관련된 것입니다. 정부라는 게 무엇입니까? 한 나라가 있다고 할 때, 이 나라의 정부란 무엇입니까? 정부는 그 나라 안에서 사람들을 체포하고 감금할 수 있는 조직체입니다. 이것이 정부를 정의하는 한 가지 방식입니다.

자, 여기 이라크 혹은 파키스탄이라는 나라가 있고, 미국이라는 나라가 있습니다. 그런데 미국은 이 나라들에 그 나라 정부에 묻지 않고도 무장한 사람들을 보내서 특정한 사람을 잡아서 데려갈 수 있습니다. 아시겠습니까? 미국은 통치권력의 일부를 갖게 된 것입니다. 즉 전체적으로는 아니지만 부분적으로, 이 나라를 통치하는 것입니다. 아시겠습니까? 바로 이런 것을 가리키는 용어가 정치학에 있습니다. 오해하지 마시길 바랍니다. 비방하거나 비판하려는 것이 아닙니다. 단지 그걸 가리키는 전문용어를 말하려는 것입니다. 가치중립적인 정치학 용어입니다. 그것을 부르는 이름은 '제국'입니다.

2차대전 이래로 9·11 이전까지는 줄곧, 제국은 미국에서 금기어였습니다. 무슨 말이냐 하면, 미국의 정책을 비판하려는 사람들은 '제국', '제국주의'라고 했고, 미국 정책을 변호하려는 사람들은 "아니다, 그건 제국주의가 아니다"라고 말했습니다. 제국주의가 아니라고 부정했어요. 요컨대 모두가 제국은 나쁜 것이라는 데 동의한 것이죠. 비판자들은 제국이라고 하고 옹호자들은 제국이 아니라고 부인하는, 논쟁은 그런 식으로 이루어졌어요.

그런데 9·11 이후 미국에서 이것이 변하기 시작했습니다. 이제 미국 외교정책을 옹호하는 사람들은 이렇게 말합니다. "제국이라고? 그래서 뭐? 맞다, 제국이다. 미국은 좋은 제국이다. 미국은 제국이 될 자격이 있다."

지금까지는 미국 대통령 중에 이렇게 말한 사람은 없습니다. 그렇지만 대통령 주변의 많은 사람들, 미국 외교정책을 옹호하는 많은 사람들은 책을 써서, "이것은 미국식 제국이다, 이건 좋은 제국이고, 우리는 이걸 옹호해야 한다"고 말하고 있습니다. 그리하여 이제는 제국을 비판하는 사람들은 제국이 왜, 무엇이 문제인지를 설명해야만 하게 되었습니다.

테러와의 전쟁?

지금부터 이른바 '테러와의 전쟁'에 대해서 좀 이야기하겠습니다. 이것은 이라크에 대한 전쟁이라는 주제보다 조금 넓은 주제입니다. 이라크에서의 전쟁은 소위 테러와의 전쟁의 한 부분이지요. 조지 부시가 "이건 전쟁이다" 하고 선포한 것은, 미국에서의 9·11 공격 후 불과 몇일 뒤였어요. 그리고 이내 부시는 '테러와의 전쟁'이라는 말을 만들었습니다. 이것은 새로운 관념입니다. 테러에 대응하는 방식을 전쟁으로 한다는 것 말입니다. 많은 사람들이 테러는 나라가 아니라 전술이라는 점을 지적했습니다. 테러는 어떤 조직도 아닙니다. 전술입니다. 그런데 전술에 상대해서 어떻게 전쟁을 하나요? 어려운 질문입니다.

또하나의 문제는 테러는 전술이고, 전술은 누구나 사용할 수 있다는 점입니다. 국가들도 종종 테러를 합니다. 국가테러는 테러의 여러 형태 중 하나입니다. 테러는 행위의 효과를 확대하기 위한 방법입니다.

예를 들어서, 전쟁을 하면서 병사들만을 죽인다면 병사가 아닌 사람들은 모두 비교적 안전하겠죠. 전장에서만 피해서 있을 수 있다면 괜찮을 겁니다. 그러나 만약 사람들을 무차별적으로 아무나 죽인다면, 그러면 적이 소수의 사람만을 죽이더라도 모두가 공포에 질리게 됩니다. 모든 사람들이 내가 다음 차례가 될 수 있다고 생각하기 때문이죠. 그래서 전형적인 테러행위는 식당을 폭파하는 것입니다. 거기에 누가 있든 상관없습니다. 혹은 버스를 폭발시킵니다. 버스에 누가 타고 있든 개의치 않습니다. 누구든 상관없습니다. 이런 일을 몇 번만 하면, 사회 전체가 공포에 떨게 됩니다. 이런 것이 소규모 집단이 사용할 수 있는 테러의 한 방식입니다.

그런데 식당에 폭탄을 투척하는 일은 분명히 테러입니다. 비행기를 타고 도시 상공에서 폭탄을 투하하여 건물을 통째로 날려버리는 것, 식당을 포함해서 건물 안에 있는 모든 것을 폭파하는 일도 역시 테러입니다. 역시 비난을 하는 게 아닙니다. 군사전술 용어로 그건 테러입니다. 사람들을 공포에 떨게 합니다. 테러는 공포를 뜻하죠. 도시의 사람들이 모두 다음은 자기 차례일지 모른다는 생각으로 겁에 질리게 하는 방법입니다. 제2차 세계대전 동안에 영국은 뉘렌베르크, 함부르크, 드레스덴 같은 독일 도시들을 폭격하여 도시 전체를 파괴했습니다. 영국 공군은 이것을 '테러 폭격'이라고 불렀습니다. 윈스턴 처칠도 그것을 '테러 폭격'이라고 불렀습니다. 그게 사실이었기 때문입니다.

그런데 그 이후로 정부들은 이 말의 뜻을 바꾸는 데 성공해서, 이제는 테러리스트는 테러 전술을 사용하는 비정부 인사라는 뜻으로 바뀌었습니다. 예전에 미국에서 정부에 비판적인 사람들은 이렇게 말했습니다. "이 세상에서 테러를 어떻게 줄이는가? 미국이 안하면 된다." 그러나 더이상 테러라는 단어는 그렇게 쓰이지 않습니다. 이제는 테러라고 하면, 오직 테러 전술을 사용하는, 특정한 미국의 적들만을 의미합니다. 테러는 이제 정부가 사용하는 전술을 가리키지 않습니다. 언어가 이상하게 변한 것이지요.

이들 소위 테러리스트들에 대한 미국의 전쟁에는 한 가지 중요한 특징이 있습니다. 그것은 이 전쟁은 끝을 낼 방법이 없다는 것입니다. 한 나라가 다른 나라를 상대해서 싸우고 있다면, 두 나라가 전쟁을 하고 있다면 전쟁을 끝낼 방법이 있습니다. 한 나라가 이길 수 있죠. 다른 나라로 들어가서 진군하여 수도 혹은 사령부를 점령하고 다른 쪽을 항복하게 만들면 전쟁은 끝납니다. 아니면 어느 지점에서 양쪽이 포기하고, 평화조약을 체결하여 전쟁이 끝날 수도 있습니다.

그런데 이른바 테러와의 전쟁의 경우에는 지휘본부가 없습니다. 수도도 없습니다. 그곳을 점령하면 전쟁에 이기는 어떤 특정한 구역도 없습니다. 조약을 체결할 상대도 없습니다. 이 사람하고 조약을 조인해도 저 사람하고는 아무 상관이 없습니다. 이 전쟁은 끝을 낼 도리가 없습니다. 즉 영구적인 전쟁의 시작인 것입니다.

그럼 미국은 왜 이렇게 변화했을까요? 무엇 때문에? 그렇게 해서 미국이 얻는 것이 뭘까요? 앞에서 말했듯이, 테러에 전쟁으로 대응한다는 건 새로운 관념입니다. 소규모 그룹들에 의한 테러는 새로운 것이 아니지요. 조지 부시가 바꾸어놓기 전까지 테러는 법 집행, 즉 치안 문제로 여겨졌습니다. 그런데 '테러와의 전쟁'으로 바뀌면서 이것은 더이상 경찰의 일이 아닌 군대가 담당할 일이 되었습니다.

경찰과 군대는 매우 다릅니다. 훈련받는 내용도 다르고, 하는 일도 다릅니다. 경찰, 즉 경찰관이나 수사관의 일은 범죄자 혹은 범죄 용의자를 찾아내는 것입니다. 사회 속에서 범인일 가능성이 높은 사람을 찾아내서 그를 사회로부터 격리, 체포하여 사법당국에 보내 재판에 회부합니다. 미국 범죄물 영화나 텔레비전 프로그램에서는 경찰이 일상적으로 용의자들을 처형하죠. 죽입니다. 그러나 진짜 경찰은 그렇지 않습니다.

저희 아버지는 경찰에서 일을 하셨어요. 실은 약 30년 동안 연방 수사관으로 일하셨습니다. 아버지는 민간인 복장, 넥타이에 양복을 입고 일을 하러 가셨는데, 가죽 끈을 안에 착용해서 한쪽에는 커다란 피스톨을 차고, 다른 쪽에는 수갑을 넣으셨죠. 아버지가 은퇴하신 후, 저는 여쭤보았습니다. "경찰 일을 하시는 동안 한 번이라도 총을 겨누고 쏘아보신 적 있으세요?" 아버지는 제 질문을 모욕으로 받아들이셨어요. "아니, 30년 동안 한 번도 그런 적 없다!" 아버지는 많은 사람들을 체포했지만 한 번도 사람에게 총을 쏘신 적은 없었던 겁니다.

그러나 군인은 완전히 달라요. 그들은 다르게 훈련을 받습니다. 군인은 단서나 증거를 찾는 수사 훈련은 받지 않습니다. 그럴 필요가 없기 때문이죠. 규칙이 전혀 다르기 때문입니다. 법의 집행에서는 범죄를 저질렀거나, 저질렀다고 혐의가 가는 사람만을 잡아갈 수 있습니다. '나쁘다'는 이유로 사람을 잡아갈 수는 없습니다. 나쁜 데 대한 법은 없어요. 아시겠습니까. 죄를 지은 데 대한, 법에 의해 금지된 행위에 대한 법밖에 없습니다. 나쁜 성격을 금지하는 법은 없죠. 안되는 일입니다. 그래서 법률 집행관(경찰)의 경우에는 용의자가 어떤 일을 했다는 증거를 찾아야 합니다. 반면 군인의 경우에는 그런 일이 불필요합니다. 어떤 사람이 적(敵)의 군복을 입고 있다는 사실만으로 그 사람을 죽일 수 있습니다. 어쩌면 그 사람은 군복을 지금 막 입었을 수도 있습니다. 안됐지만 어쩔 수 없습니다. 어쩌면 그 사람은 아직 무장하지 않았을지도 모릅니다. 상관없습니다. 그가 적군의 군복만 입고 있다면 그것으로 그를 죽일 수 있습니다. 그게 전쟁인 것입니다. 완전히 다릅니다. 따라서 군인은 군복을 식별하기만 하면 됩니다. 그것뿐입니다. 그럼 사살할 수 있습니다.

미국이 테러리즘에 대응하는 방식을 법의 집행으로부터 전쟁으로 바꾸었을 때, 그 실제적인 결과로서 미국은 그 둘의 혼성물을 갖게 되었습니다. 무슨 말이냐 하면, 미군에게 용의자들을 죽일 권리를 주었다는 말입니다. 법의 집행자들은 용의자를 죽일 수 없습니다. 그러나 테러와의 전쟁에서는 용의자들이 죽임을 당합니다. 적의 군복을 입고 있지 않더라도, 미군의 눈에 테러리스트처럼 보인다면, 즉각 그들은 사살됩니다. 이것이 미국이 얻게 된 커다란 소득입니다. 즉 미국이 죽이고 싶은 사람들을 죽일 수 있는 권리입니다.

테러와의 전쟁으로부터 미국이 얻은 두 번째 소득은, 아무런 권리를 갖지 못하는 사람들을 만들어낸 것입니다. 무슨 말이냐면, 이 사람들이 테러리스트 혐의로 잡혀서 구속되었을 때, 이게 보통의 전쟁이라면 이들은 전쟁포로로서의 권리를 갖게 됩니다. 전쟁포로의 권리는 전통과 1949년 제네바협정에 의해서 보장됩니다. 전쟁포로는 전쟁에서 싸웠다는 이유로 재판에 회부되거나 형벌에 처해질 수 없습니다. 그들은 먹는 것, 입는 것이 보장되어야 하고, 좋은 대우를 받아야 합니다. 고문은 물론 안됩니다. 그리고 전쟁이 끝나면 건강한 상태로 고향으로 돌아갈 수 있어야 합니다. 이것이 전쟁포로가 갖는 권리입니다. 한편 그가 범죄 혐의자라면, 그 경우에는 미국법에 의거해서 피의자로서의 권리들을 갖습니다.

앞에서 말한 인신보호법에 의한 권리입니다. 재판을 받을 권리, 변호사를 만날 권리, 자신에게 불리한 증거를 열람할 권리, 자신에게 불리한 증언을 듣고, 할 수 있다면 거기에 반박할 권리 — 이 모든 권리들을 피의자는 갖습니다. 그러나 테러와의 전쟁에서 잡힌 사람들은 범죄 용의자의 권리도 주어지지 않고, 전쟁포로의 권리도 주어지지 않습니다. 그들은 아무 권리도 없습니다.

바로 이것이 그토록 많은 사람들이 쿠바에 있는 미군기지에 구금되어 있는 이유입니다. 쿠바의 미군기지는 미군 부대이기 때문이 쿠바법이 적용되지 않습니다. 기지 안에서는 쿠바법이 관할권을 갖지 않습니다. 그러나 한편 그곳은 쿠바이고 미국이 아니기 때문에 미국 형사법도 적용되지 않습니다. 이게 미국정부의 주장입니다. 또한 그 수감자들은 미군 소속이 아니기 때문에 미국 군법도 적용받지 않고, 전쟁포로도 아니기 때문에 국제법도 적용받지 않습니다. 그래서 미국정부에 따르면, 그 사람들은 어떤 법에 의해서도 보호받을 수 없는 그런 위치에 있습니다. 전혀 아무런 권리도 없다는 것입니다.

이런 상황에 대해 미국의 인권변호사들은 이의를 제기해서 어느 정도 성공을 거두고 있다는 점도 지적해야겠지만, 그러나 전체적으로 상황은 변함없습니다.

전쟁경제에 기초한 제국

왜 미국은 끝을 낼 수 없는 전쟁을 시작했을까? 도대체 왜 그런 것일까요? 여러가지 이유가 있다고 생각하지만, 한 가지만 이야기하겠습니다. 유일한 이유는 아닙니다. 그중 한 가지는 경제적인 동기입니다.

미국 경제의 매우 커다란 부분은 군사경제입니다. 군사지출이 미국 전체 경제에서 대단히 커다란 부분을 차지하고 있습니다. 이것은 굉장히 중요합니다.

1929년, 미국에서 주식시장 붕괴가 있었습니다. 대공황의 시작이었습니다. 많은 사람들은 그것이 자본주의의 끝, 자본주의적 성장의 종말이라고 생각했습니다. 자본주의가 대파국으로 종식되는 것처럼 보였습니다.

루즈벨트 대통령은 이 공황으로부터 미국을 끌어내기 위한 정책을 시작했는데, 그게 뉴딜입니다. 뉴딜정책은 영국 경제학자 존 메이나드 케인스의 경제이론에 기초한 것인데, 그 주장을 매우 간단하게 말하면, 정부가 엄청나게 많은 돈을 경제에 투입하면, 그것으로 경제가 다시 원활하게 굴러가고, 그리고 자본주의가 구원될 수 있다는 것입니다.

다만 미국에는 정부의 대규모 지출에 대한 매우 강한 저항이 있습니다. 지금도 있고, 당시에도 있었습니다. 그래서 미국 정부가 경제 회복을 위해 돈을 쓰긴 했어도 그건 결코 충분하지 못했습니다. 뉴딜정책으로 몇 가지 좋은 법 — 사회보장법, 최저임금법 같은 것들이 통과되었지만, 경제는 회복되지 않았습니다. 뉴딜은 미국에서 경제성장을 회복시키는 데 실패했습니다.

미국 경제를 구한 것은 제2차 세계대전입니다. 일본의 진주만 공격입니다. 그때부터 시작해서 미국정부는 계속해서 훨씬 많은 돈을 군비에 쓰기 시작했습니다. 뉴딜정책에서는 상상도 할 수 없었던 완전히 다른 차원의 거액을 투입했고, 그것은 전쟁이라는 국가적 비상사태에 의해 정당화되었습니다. 이것은 매우 빠르게 미국 경제를 회복시켰습니다. 전시 지출 덕분입니다.

이렇게 미국은 국토가 완전히 파괴되었던 다른 2차대전 참전국들과는 완전히 다른 경험을 했습니다. 미국은 굉장히 운이 좋았습니다. 어떤 점에서 그런가 하면, 미국이 19세기 중반 남북전쟁 이후에 벌인 모든 전쟁은 다른 나라 땅에서 이루어졌습니다. 단 하나도 미국 땅에서 벌어지지 않았어요. 미국인들이 전쟁이 무엇인지 제대로 이해하지 못하는 데에는 이런 이유도 있습니다.

그래서 제2차 세계대전은 미국을 공황에서 끌어냈고, 다시 미국을 매우 번영하는 나라로 만들었습니다. 제2차대전 후에는 냉전시대가 곧장 시작되었습니다. 다시 말하면, 미국은 1941년에 전쟁경제로 전환했고, 오늘까지 계속해서 그렇습니다. 1941년 진주만 공격 이후로 미국은 전쟁경제에 줄곧 머물러 있습니다. 요컨대, 군비지출과 전쟁이 미국의 뉴딜이고, 바로 그것들이 미국 경제를 계속해서 살리고, 확장시키고 있는 것입니다.

1945년부터 미국은 제국을 건설하기 시작했습니다. 어떤 이들은 이 미국식 제국을 '군사기지의 제국'이라고 부릅니다. 새로운 유형의 제국입니다. 대영제국은 무너졌고, 프랑스 제국도 붕괴했고, 스페인 제국도 무너졌습니다. 다른 모든 제국들은 붕괴했지만, 그 뒤에 미국은 새로운 형태의 제국으로 나타났습니다. 그것을 부르는 한 가지 이름은, 아까 말했듯이, 군사기지들의 제국입니다. 비밀 기지도 있기 때문에 미군기지가 정말로 몇 개나 되는지는 아무도 정확히 모르지만, 세계 전역에 걸쳐서 1,000개나 되는 군사기지가 있다고 합니다. 이들 군사기지들은 사실상 미국사회입니다. 나라 밖에 있는 미국문명의 거대한 일부입니다.

한국에도 거대한 미군기지들이 있으니까 여러분 중 많은 분들도 기지 내부가 어떤지 잘 알고 있을 거라고 생각합니다. 제가 살고 있는 오키나와의 경우 오키나와 주요 섬의 20퍼센트를 미군기지가 차지하고 있습니다. 오키나와는 매우 작지만 미군기지는 거대합니다. 기지 안에 있으면 섬 전체보다 기지가 큰 것처럼 느껴집니다. 신기한 일이죠.

군사기지에는 병사들과 병영들만 있는 것이 아닙니다. 기지는 도시입니다. 매우 이상한 왜곡된 도시입니다. 기지에는 가정이 있고, 학교가 있습니다. 어린이집에서부터 대학까지 있습니다. 병원이 있고, 식당이 있고, 술집이 있고, 운동할 수 있는 헬스클럽이 있고, 수영장이 있고, 골프 코스가 있고, 볼링장이 있고, 테니스코트가 있고, 미식축구장이 있고, 야구장이 있고, 넓은 잔디밭이 있습니다. 오키나와에 잔디밭은 기지 안에만 있습니다. 기지 밖에는 잔디밭이 있을 공간이 없습니다. 또 경찰이 있고, 법원이 있고, 감옥이 있습니다.

저는 때때로 오키나와에 주둔하고 있는 미군의 영어 라디오 방송을 듣는데, 군사 휴양지 광고가 나와요. 세계 전역에 있는 미군 소유의 휴양지들인데, 알래스카에도 있고, 하와이에도 있습니다. 독일 알프스에도 있어서 거기선 스키를 탈 수 있어요. 제가 오키나와 밖에 살고 있다면 스쿠버다이빙, 낚시 같은 것을 할 수 있는 오키나와 휴양지 광고도 들을 수 있겠지요. 현역병은 한 기지에서 다른 기지로 비행기 운임을 내지 않고 갈 수 있습니다. 무상으로 이들 휴양지에 갈 수 있는 것이죠. 그러니까 평생을 기지 안에서만 살아갈 수 있습니다. 기지는 사회입니다.

다만 기지에는 단 한 가지 없는 것이 있는데, 바로 그것이 기지를 그토록 이상한 사회로 만드는 것입니다. 뭐냐 하면 생산적인 노동이 없습니다.

보통의 도시에선 대부분의 사람들은 무엇을 만드는 일을 하거나 아니면 사회를 위해서 다른 사람들이 무엇을 만드는 일을 돕습니다. 음식, 옷가지, 거처 같은 것을 만들어내는 일을 합니다. 그러나 군사기지 안에는 제조자가 없습니다. 아무도 아무것도 만들지 않습니다. 물론 요리사가 음식을 만들지만, 제가 무슨 말을 하는지 아실 겁니다. 생산물이 없다는 말입니다. 기지의 활동, 즉 기지의 생산물이란 전쟁 혹은 전쟁 준비입니다. 그것밖에 없습니다. 요컨대 음식을 만들어 먹고 아이들은 학교에 다니지만, 기지의 활동이라는 것은 기본적으로 전쟁 또는 전쟁 준비, 전쟁 위협입니다. 그게 그들이 하는 일입니다. 그래서 엄청난 돈이 이 기지들을 부양하는 데 쓰이지만, 쓸모 있는 것은 아무것도 생산되지 않습니다. 소위 군산업도 마찬가지죠. 폭탄을 생산하고, 로켓을 만들어내고, 사람들을 공격할 제트비행기를 제조하지만, 이것들 중 아무것도 시민사회, 즉 우리가 살고 있는 사회에 유용한 것은 없습니다. 폭탄은 폭발하면 그만이죠. 다시 또 폭탄을 만들고, 폭발하고 사라지고. 그러니까 돈이 그냥 훅 하고 사라지는 것입니다. 전쟁 외에는 아무런 사회적 기여 없이 말입니다.

이 거대한 조직, 이 거대한 군사기지들의 제국과 그 배후에 있는 산업을 지키기 위해서는 거기에 들어가는 그 모든 돈을 납세자들에게 해명해야 합니다. 납세자들은 그 모든 비용을 감당하면서 아무런 생산물을 얻지 못하고 있으니까요. 그런데 그것을 정당화할 수 있는 유일한 것은, 때때로 전쟁이 벌어지는 것입니다. 오랫동안 평화가 유지되면, 사람들은 "이것들은 필요가 없으니 없애자, 돈을 아끼자"고 말할 것입니다. 따라서 군대가 생존하기 위해서, 군사조직, 군사제국이 살아남기 위해서는 가끔 전쟁이 있어야 하는 것입니다(혹은 즉각적인 전쟁의 위협이 있어야 합니다).

그러니까 군대는 전쟁을 방지하기 위해서 있는 것이 아닙니다. 그렇게 생각하는 것도 한 가지이지만, 그러나 이면은 군대를 보호하고, 정당화하기 위해서 전쟁이 필요하다는 것입니다.

같은 말을 경찰에 대해서도 할 수 있어요. 범죄가 사라지는 것은 경찰에 재앙입니다. 파산하겠죠. 실직하게 되고. 경찰은 일정한 정도의 범죄에 의존하고 있는 조직입니다. 여러 나라들에 죄를 양산하는 많은 이상한 법들이 존재하는 이유도 바로 그 때문이죠. 그러나 이런 이유를 떠나서 군대의 경우에 전쟁 혹은 전쟁위험이 있어야만 합니다. 평화는 재앙입니다. 그리고 그건 미국 경제에도 재앙이 될 것입니다.

'테러와의 전쟁'은 완벽합니다. 그런 관점에서 더할 나위 없이 좋은 것이죠. 특정한 지역에 한정된 대부분의 전쟁들과 달리, 테러와의 전쟁은 모든 곳에서 일어납니다. 국경이 없습니다. 공간적인 한계, 지리적 한계가 없습니다. 그래서 미군기지가 어디에나 존재하는 것을 정당화합니다. 실제로 어디에나 있지요. 또한 테러와의 전쟁은 끝이 날 수 없기 때문에, 미군기지가 계속해서 어디에나 존재할 필요에 대한 영원한 보장인 것이죠. 그런 점에서 완벽한 것입니다.

미국은 이라크에서의 전쟁에서 졌습니다. 미국은 아프가니스탄에서의 전쟁에서 졌습니다. 미국은 베트남에서의 전쟁에서 졌습니다. 이건 생각해볼 문제입니다. 미국은 세계 역사상 가장 큰 군사력을 보유하고 있습니다. 과장이 있을지 모르지만, 미국의 군사지출은 세계의 다른 모든 나라들의 군사경비를 합친 것과 거의 비슷하다고 합니다. 그런데도 미국은 전쟁에 이길 수 없는 것입니다. 왜 그럴까요?

군사적 관점, 즉 전형적인 제국의 관점에서 보면 미국은 이들 전쟁에서 패배했습니다. 전쟁목적을 달성하지 못했습니다. 베트남에선 쫓겨났죠. 아프가니스탄과 이라크에서는 소기의 목적을 이루지 못했습니다. 두 나라는 모두 전쟁 이전보다 더욱 나쁜 상황에 처하게 되었습니다. 미국이 이 전쟁들을 이길 수 없는 이유 중 하나는, 미국이 군사력으로는 더이상 할 수 없는 일을 하려고 하기 때문입니다.

이건 우리 모두가 힘(power)이란 무엇인가 다시 생각해볼 아주 좋은 기회입니다. 힘은 정말로 무엇입니까? 힘은 군사조직 같은 것입니까? 아니면 단결한 사람들의 투지 같은 것입니까? 정확히 힘은 무엇일까요? 왜 군사력이 계속해서 실패하고 또 실패하는 것일까요?

그러나 미국 군사-산업 제국의 관점에서 보면, 적어도 그 군산복합체의 일부 사람들에게 있어서는 이기고 지는 건 아무래도 좋은 일입니다. 미국 군산복합체는 전쟁에서 이기든 지든 똑같은 돈을 법니다. 군인들 역시 부상을 당하거나 전쟁으로 미치지만 않는다면 봉급을 받고, 승진을 하고 혜택을 얻습니다. 그래서 승패는 그 사람들에게는 문제가 아닌 것입니다. 물론, 앞서 얘기했듯이, 이건 계속해서 미국 영토 밖에서 전쟁이 벌어진다는 조건 아래에서입니다. 아까 말했듯이, 남북전쟁 이후로 지금까지 미국이 치른 전쟁은 모조리 상대 나라의 땅에서 벌어졌고, 상대 나라는 파괴되었습니다. 미국 땅에서는 전쟁이 일어나지 않았기 때문에 미국사회는 이익을 얻었던 것이고요. 그 조건 아래에서는, 이기든 지든 미국은 이익을 얻는다고 말할 수 있습니다.

한 가지 질문으로 끝내겠습니다. 생각해볼 문제는 이것입니다. 말할 것도 없이, 전쟁과 평화라는 문제를 생각할 때, 가장 중요한 관점은 윤리적 원칙입니다. 이 전쟁은 정당한가? 전쟁 자체가 정당화되는가? 정당한 전쟁이라는 게 있었던가? 모든 전쟁은 폐지해야 하는 것인가? 이러한 것들이 큰 윤리적 질문입니다. 물론 어떤 윤리학의 관점에서 봐도 이라크에 대한 미국의 침략은 법적으로 범죄이고, 도덕적으로 범죄입니다.

그런데 다르게 질문을 할 수 있습니다. 순전히 자기이익을 추구하는 합리적인 관점에서 생각해봅시다. 윤리는 잠깐 제쳐두고, 우리의 이익을 획득할 가장 좋은 방법이 무엇인지 이성적으로 생각해봅시다. 미국이 아닌 나라, 가령 한국이나 일본, 호주, 프랑스 같은 나라의 입장에서 자국의 젊은이들을 전쟁터에 보내는 데서 얻는 이익은 무엇입니까? 그 전쟁의 유일한 목적은 미국 군사-산업 제국을 보호하는 것입니다. 왜 다른 나라, 제국을 지키기 위해서 군대를 보내야 합니까? 이게 이치에 맞습니까? 윤리는 차치하고, 그렇게 하는 것이 합리적입니까?

저는 답을 모릅니다. 그러나 그것은 생각해보아야 할 문제입니다. 그만 마치겠습니다. 감사합니다.

역자 후기

국가란 무엇인가. 이른바 '사회계약론'에 의하면, 국가란 인민들이 스스로의 생명과 재산을 보호하고 인간다운 삶을 영위하기 위해서 상호간의 계약에 따라 만들어진 체제이다. 물론 이 논리는 국가라는 보호장치가 없다면, 인간은 상호간 늑대처럼 행동하는 '자연상태' 속에 방치되어 '짧고, 누추하고, 야만적인' 생을 살지 않을 수 없게 된다는 생각을 기초로 하고 있다.

그러나 과연 그게 사실일까. 실제로 인간 역사는 그렇지 않다는 것을 보여준다. 사회계약론의 근본가정과는 딴판으로, 역사 속에서 국가는 언제나 소수의 특권층의 지배를 위하여 대다수 인간의 노예화를 전제로 성립해왔음을 보여준다. 국가는 사회계약론이 전제하는 대등한 인간들끼리의 약속에 의해서 만들어진 제도가 결코 아닌 것이다. 따지고 보면, 사회계약론은

18세기 서구의 시민계급의 상승을 배경으로, 시민계급 중심의 생명권·재산권을 옹호하기 위해서 나온 하나의 '만들어진' 픽션에 불과하다고 할 수 있다. 분명한 것은, 국가의 성립은 노예화의 출발이었다는 사실이다. 그런 점에서 노예제는 결코 고대국가에 국한된 현상이 아니다. 근대적 국민국가 역시 그 기저에는 노동자라는 이름의 임금노예들과 수많은 소외 혹은 배제된 자, 즉 조지 오웰이 말한 비민(非民, unpeople)의 존재 없이는 존립할 수 없는 체제라는 것은 두말할 필요도 없다.

그런 의미에서 모든 국가는 본질적으로 노예국가라고 불러도 무방하다. 국가 속에서 보호를 받기는커녕 세상의 약자들은 어디서나 국가권력에 의한 직접적 혹은 간접적인 폭력과 억압, 수탈 속에서 끊임없이 시달려왔다는 것은 역사가 증언하고 있다. 그런 가운데서도 근대국가는 늘 인권과 민주주의란 가치를 내세워왔지만, 실제로 그것은 특권계층에 한정돼 적용되었을 뿐 모든 인민에게 고루 미치는 것은 아니었다. 그렇게 되는 것은 당연하다. 왜냐하면 이러한 가치는 기실 근대국가 그 자신의 작동원리와 기본적으로 양립할 수 없는 것이기 때문이다.

근대국가의 폭력성은 기본적으로 그 국가가 자본주의 문명의 담지자로서 기능해온 것에 기인한다고 할 수 있다. 더 많은 이윤 창출과 끝없는 축적을 위한 치열한 경쟁 속에서 자본의 논리는 세계 전역에 걸쳐 배타적 이기심의 확대를 생의 보편적인 원리로 확대해왔고, 그 과정에서 국가는 '부국강병'이라는 욕망 속에서 다른 국가, 다른 국민에 대해서 언제나 배타적·적대적 자세를 취할 수밖에 없었던 것이다. 그리하여 인간사회에서 늘 전쟁과 학살과 생태적 훼손은 거의 숙명적인 것으로 되어왔다.

***

누구보다 일찍, 폭력에 기초한 이러한 국가의 본질을 명확히 꿰뚫어 본 사상가·실천가가 간디였다. 간디는 자신의 조국 인도가 영국으로부터 정치적 독립을 쟁취하는 것보다 더 중요한 것은 그 정치적 독립의 창조적인 성과로서 새로운 개념의 국가 모델을 창조하는 것이라고 생각했고, 그 생각에 따라 유례없이 인간적이고 민주적인 '평화헌법'을 구상했다. 이 헌법안은 인도가 중앙집권적인 근대국가 체제를 단념하고, 따라서 군대를 보유하겠다는 생각도 포기하고, 그 대신에 인도의 70만 개 마을 하나하나가 독립적인 주권을 행사할 수 있는 '마을 공화국들'이 되어, 인도국가는 말하자면 그 '마을 공화국들'의 연합체가 되는 게 바람직하다는 생각을 했던 것이다.

말할 것도 없지만, 간디의 이 '지나치게' 이상주의적인 헌법 구상은 현실에서 받아들여지지 않았다. 오히려 이 헌법안을 관통하고 있는 반국가·반근대주의 사상은 간디가 당대 인도의 정치 지도자들에 의해서 경원당하고, 마침내 힌두교 원리주의를 신봉하는 '애국' 청년에 의해 암살을 당하는 빌미가 되고 말았다. 네루를 포함한 당시 인도의 정치가들과 '애국 청년들'의

눈으로 볼 때, 간디의 생각은 바야흐로 독립한 인도를 서구 근대국가를 모방한 현대적인 산업국가로 만들려는 노력을 원천적으로 가로막는 너무도 '위험한' 것이었기 때문이다.

그러나 간디가 세상을 떠난 지 60년도 더 지난 오늘날 세계의 현실은 간디가 우려한 바로 그 현실이 되고 말았다. 간디는 세계의 많은 나라가 서구식 근대국가의 모델을 따른다면, 궁극적으로 세상은 지옥으로 변하고 말 것임을 일찌감치 내다보았던 것이다. 그런 점에서 간디의 '위험한' 생각은 이제 세계의 앞날을 진실로 걱정하는 사람들이라면 누구든 진지한 자세로 경청하지 않으면 안될 매우 심각한 테마가 되었다고 할 수 있다. 길게 말할 것도 없이, 세계는 지금 인류 역사상 유례없는 최대의 위기에 봉착했다. 이대로 간다면 기후변화, 생태계의 전면적 붕괴와 함께 인간적 삶의 전면적 황폐화가 불가피하게 될 것이 분명하다.

주목해야 할 것은, 이 엄중한 위기의 근원에 있는 게 바로 국가적·국민적 이기심이라는 것, 따라서 지금 가장 절실히 필요한 것은 국가와 민족을 넘어서는 공존·공생의 논리라는 사실이다. 왜냐하면 모든 징후로 보아서 지금은 공생하지 않으면 공멸이 필연적인 상황임에 틀림없기 때문이다.

이런 각도에서 보면, 간디의 '마을 공화국' 사상, 그리고 그 사상 위에 세워진 '위험한' 평화헌법안은 지금 우리들에게는 무엇과도 바꿀 수 없는 소중한 구원의 논리라고 하지 않을 수 없다. 그러나 국가적·국민적 이기심을 끊임없이 자극하고 부추기는 정치에 익숙한 오늘의 상황에서 간디의 사상은 과연 얼마나 진지하게 받아들여질 수 있는 것일까. 이것은 쉽게 대답할 수 없는 질문이다.

그러나 우리는 간디의 아이디어를 글자 그대로 받아들일 필요는 없을 것이다. 중요한 것은, 간디의 평화헌법안에 들어 있는 핵심적인 메시지가 무엇인지를 오늘의 상황에 비추어 음미하고 숙고하는 것이다. 즉, 간디의 70만 개 '마을 공화국들'이라는 아이디어는 오늘의 언어로 고쳐 해석한다면, 자립적인 소규모 공동체들의 네트워크로서 이해할 수도 있는 것이다. 사실 간디가 생각한 새로운 국가란 이러한 네트워크를 뜻하는 것일지도 모른다. 그렇다면 오늘날 세계 각처에서 활발히 태동하기 시작한 다양한 형태의 협동운동, 지역공동체 운동들을 우리는 간디의 '마을 공화국'의 현대판으로 이해할 수도 있을 것이다.

그런 의미에서 간디의 생각은 지금 엄연히 살아있는 사상이라고 할 수 있다. 그것은 세계 전역에서 왕성하게 일어나기 시작한 온갖 종류의 자치·자립·자급 운동들 속에서 부활하고 있는 것으로 볼 수 있기 때문이다. 그렇게 본다면, 세계는 근 60년이나 늦어서야 비로소 간디의 진심을 이해하게 된 셈이다.

아마도 우리에게 지금 필요한 것은 당장에 국가 자체를 없애는 것은 아닐 것이다. 너무도 오랫동안 우리들은 국가라는 틀 속에서 살아왔기 때문에 실제로 국가 없는 생을 구상·실현한다는 것은 지난할 것이지만, 지금 당장 국가라는 틀을 제거한다는 게 과연 바람직한 것일지도 의문이다. 중요한 것은, 자본의 논리와 결합된 (폭력)국가의 모델을 조금이라도 실천적으로 넘어섬으로써 보다 인간적인 국가, 보다 녹색적인 국가를 실현하는 방향으로 전환하기 위한 노력일 것이다. 아마도 그것이야말로 현 단계의 인류사회가 짊어진 가장 긴급한, 그리고 가장 도전적인 과제인지도 모른다.

＊＊＊

이 책의 저자 더글러스 러미스 교수는 오랫동안 일본에서 교편을 잡으면서 '근원적 민주주의(radical democracy)'의 가치를 옹호하고 전후 일본의 '평화헌법'을 폐기 혹은 훼손하려는 보수세력의 집요한 기도에 맞서서 활발히 발언함으로써 주목을 받아왔다. 도쿄의 한 대학에서 은퇴한 뒤 지금은 오키나와에서 일본인 아내와 함께 미군기지 반대운동과 평화운동을 전개하고 있는 러미스 교수는 이미 《경제성장이 안되면 우리는 풍요롭지 못할 것인가》라는 책을 비롯하여 《녹색평론》 지면과 〈경향신문〉의 정기 칼럼을 통하여 한국에서도 상당한 독자들에게 친숙한 이름이 되어 있다.

그가 인도 방문 기간 중에 찾아낸 간디의 헌법안에 대해서 해설을 시도한 에세이와 그 밖의 몇 편의 글을 묶은 이 책을 통해서, 독자들은 확고한 민주주의적 신념과 통찰력 넘친 안목으로 늘 명료한 언어를 구사하는 이 뛰어난 정치사상가의 진면목을 엿볼 수 있을 것이다. 이 책의 역자이자 편집자로서 나는,

무엇보다도, 국가란 무엇인가, 어떻게 하면 우리가 조금이라도 더 인간적인 국가 혹은 녹색적인 국가를 만들 것인가를 숙고하는 사람들에게 이 책이 상상력을 자극할 뿐만 아니라 큰 용기와 위안을 주는 소중한 책으로 읽혀지기를 바라고, 또 그렇게 될 것이라고 믿는다.

2014년 5월

김종철

저자

C. 더글러스 러미스(C. Douglas Lummis)

1936년 미국 샌프란시스코 출생. 캘리포니아대학 버클리분교 졸업. 정치사상 전공. 1960년에 미해병대에 입대하여 오키나와에서 근무. 1961년에 제대 후, 버클리로 되돌아가 박사학위를 받은 다음, 다시 70년대 초 일본으로 와서 활동을 시작함. 1980년에 도쿄에 있는 쓰다(津田塾)대학 교수가 되어 2000년 3월에 정년퇴임. 현재는 오키나와에 거주하면서 집필과 강연을 중심으로 사회운동을 하고 있다.
주요 저서로 《래디컬 데모크라시》(코넬대학교출판부, 1996년, 영문판), 《래디컬한 일본국 헌법》, 《헌법과 전쟁》, 《이데올로기로서의 영어회화》(東京: 晶文社) 등이 있다.

역자

김종철(金鍾哲)

《녹색평론》 발행·편집인.

간디의 '위험한' 평화헌법

2014년 5월 20일 초판 제1쇄 발행

저자 C. 더글러스 러미스
역자 김종철
발행처 녹색평론사

주소 서울시 종로구 돈화문로 94 동원빌딩 501호
전화 02-738-0663, 0666
팩스 02-737-6168
웹사이트 www.greenreview.co.kr
이메일 editor@greenreview.co.kr
출판등록 1991년 9월 17일 제6-36호

ISBN 978-89-90274-75-5 04330
ISBN 978-89-90274-57-1(세트)

값 10,000원